我本自由

现代舞蹈家洪信子的不驯人生

[韩]洪信子 著　　李晶 [韩]黄芝美 译

中央编译出版社

CCTP　Central Compilation & Translation Press

图书在版编目（CIP）数据

我本自由：现代舞蹈家洪信子的不驯人生 /（韩）
洪信子著；李晶，（韩）黄芝美译 . -- 北京：中央编译
出版社，2023.3

ISBN 978-7-5117-4323-7

Ⅰ . ①我… Ⅱ . ①洪… ②李… ③黄… Ⅲ . ①洪信子
—自传 Ⅳ . ① K833.126.576

中国版本图书馆 CIP 数据核字（2022）第 257555 号

北京市版权局著作权合同登记号：图字 01-2022-6610 号

我本自由：现代舞蹈家洪信子的不驯人生

责任编辑	李媛媛　彭永强
策划编辑	刘红霞
特约编辑	杜　思
责任印制	刘　慧
出版发行	中央编译出版社
地　　址	北京市海淀区北四环西路 69 号（100080）
电　　话	（010）55627391（总编室）　　（010）55627319（编辑室） （010）55627320（发行部）　　（010）55627377（新技术部）
经　　销	全国新华书店
印　　刷	北京中科印刷有限公司
开　　本	787 毫米 × 1092 毫米　1/32
字　　数	155 千字
印　　张	9.25
版　　次	2023 年 3 月第 1 版
印　　次	2023 年 3 月第 1 次印刷
定　　价	46.80 元

新浪微博：@ 中央编译出版社　　　　**微　　信**：中央编译出版社（ID：cctphome）
淘宝店铺：中央编译出版社直销店（http://shop108367160.taobao.com）（010）55627331

本社常年法律顾问：北京市吴栾赵阎律师事务所律师　闫军　梁勤
凡有印装质量问题，本社负责调换，电话：（010）55626985

当船停泊在港口时
没有任何危险。但船
并不是为此而存在的。

　　洪信子（Sin Cha Hong）是"国际最负盛名的当代韩国舞蹈家"。她的人生崎岖坎坷，极具传奇色彩。她的能力多种多样，集舞蹈表演家、编导家、教育家、舞团团长、国际舞蹈活动家、声乐表演家和作家于一身。1940年12月2日，她出生于韩国中西部的忠清南道，因父亲在铁路工作，幼年时代曾随家人移居中国，因而受到儒家思想的影响。1945年二战结束后举家回国。她生性敏感，少年时代经历过频繁的战乱，死亡如家常便饭，使得她小小年纪便开始思考生与死的人生哲理。

　　洪信子自幼酷爱音乐和舞蹈。她曾对我说："音乐是我的父亲，舞蹈是我的母亲，音乐和舞蹈曾在我幼小的身心里，不停地发生着作用。"但有趣的是，她却没有像其他舞蹈名家那样，早早地走进某个舞蹈学校。

1966 年，26 岁的她从淑明女子大学英文系毕业，准备去美国留学。到达美国后，美国民众中那股强烈的自主精神和美国文化中那种浓郁的自由气氛使她猛醒，立志要做自己想做的事情。翌年，她在美国现代舞大师埃尔文·尼古莱的舞蹈感召下，专心习舞四年，先后就学于埃尔文·尼古莱、菲利斯·拉姆哈特、丹·瓦格纳、齐娜·罗梅等名师门下，还在伊莎多拉·邓肯舞蹈中心、纽约大学舞蹈系等著名舞蹈教育机构学习。1972 年，洪信子在哥伦比亚大学师范学院获得舞蹈教育专业的硕士学位，1982 年获得舞蹈博士学位，其论文的主题为"神秘的东方宗教舞蹈"，由此为她日后的舞蹈创作和表演奠定了思想的深度。

自 1973 年起，洪信子发表了《哀悼》等舞作，当即以其神秘的东方哲学、简约的动作形式、新鲜的动态意象和离奇的结构方式，赢得《纽约时报》《村声》周刊、《舞蹈杂志》等权威舞评家们的一致好评，一跃成为纽约舞台上凤毛麟角的亚裔现代舞名家。

1976 年，她接受了印度政府颁发的奖学金，只身前往印度学习传统舞蹈、音乐和哲学达三年之久。在那里，她的人生观和舞蹈观同步得到升华。

1980 年，她应邀回国，在清州大学舞蹈系担任现代舞教授，但由于对重复性过强的教学深恶痛绝，很快便辞去了稳定的教职和优厚的薪酬，继续独立、艰辛与创造、快乐成正比的自由身生涯。

1981 年，她在纽约创办了"笑石舞剧团"，并笃信"笑石"意味着"万物有灵，即使是块石头也会笑的，一切全在于你的内心如何看待"。从此，她开始一面在纽约从事创作，一面开始率团赴美国各地，乃至欧亚多国公演。不断问世的作品有《喷薄》《我是一团燃烧的火》《笑石》《从嘴到尾》《螺旋姿态》《求道者》《四面墙》《小岛》《事实上》《环境》《天使》《红霞》《2001：从冥王星到地球》等等，这些作品赢得了纽约实验艺术圣地——"妈妈实验剧场"的高度信任和美国评论界的持续褒奖。

笔者是 1988 年首次赴美访学期间，经当时美国亚洲文化协会的副主席拉尔夫·塞缪尔森先生介绍结识洪信子的。塞先生信心十足地说，"我深信，你们一定能成为好朋友！"30 多年过去了，我和洪信子之间的交往和友谊不断地验证着他的预言。

记得她那天穿着非常简朴，谈吐稳健，却直截了当地表达了想来中国演出的夙愿。作为舞评人，我习以为常地说，等我看了她的演出后再说。不久，我就在曼哈顿的乔伊斯剧院，看了她率笑石舞剧团的演出，并做了大量的笔记。整个演出可用一个词来概括——"震撼"！尤其是她自编自演的独舞《螺旋姿态》，让我在毛骨悚然的同时，第一次联想到了东方哲学中的生死轮回！这种刺入骨髓的观舞体验和前所未有的生死考量，是我在赴美访学期间看过的百十场演出中，最让人刻骨铭心，并至今不忘的！也正是在看了这场演出之后，我暗暗发誓，一定要把她这种国际水平的现代舞介绍到中国来！

1989 年，经我郑重推荐，洪信子终于实现了自己的夙愿——10 月末，她率领笑石舞剧团来到北京和天津，演出了她最具代表性的现代舞剧新作《小岛》。舞剧中，简约而生活的肢体语言、凝练而诗意的舞剧结构、强悍而鲜活的舞蹈形象、深刻而易懂的思想内涵，在中国舞蹈界和普通观众中引起了超强的反响，而这次演出则成为"先锋派舞蹈在中国内地的首次公演"。

她来中国首演期间，有件事情给我留下了深刻的印象：洪信子作为一个韩国人，对中国人的民族性格和审美接受度是相当了解的——在《小岛》中，有个表现"人吃人"的舞段，在纽约演出时，当两个女人倒挂在男人的脊梁上，像眼镜蛇似的相互撕咬，并发出撕心裂肺的声音时，曾吓得有心脏病的观众捂着胸口往剧场外面跑。而在中国演出时，洪信子特意让演员们弱化并缩短了她们的撕咬声，以免中国的观众受不了。

此后，在我的强烈推荐下，洪信子在1991、1992和1999年又三次来华，先后为北京舞蹈学院第一个现代舞专业班的前身——现代舞实验班、第一个现代舞大本班，以及中国第一个专业现代舞团（广东实验现代舞团）的前身——广东省舞蹈学校现代舞实验班教学，其极具人性之美的慈悲心、融东西方文化精华于一体的舞蹈观，以及"接触即兴"等方法的教学，均深受两地师生们的一致褒奖。

1998年春，声名更加显赫的她率领自己的舞团，应邀前往首尔艺术中心恢宏的歌剧院公演，成为第一个登上这个韩国艺术殿堂的国内现代舞团，由此为韩国现代舞进入主流演出空间铺平了道路。

自1993年返回韩国定居后，由于地理距离缩短了，洪信子怀着对中国人和中国文化由来已久的深情厚谊，更加频繁地开展了一系列中韩舞蹈交流。

1995年，在北京举办第四届世界妇女大会时，她那本传奇自传《为自由辨明》，由中国作家出版社出版了汉译本，其天马行空的内在追寻、义无反顾的冒险精神、绝无仅有的人生历程、深邃犀利的前卫观念，在中国学术界赢得了"像邓肯（自传）又超过邓肯（自传）"的盛誉，并迅速售罄。

1996 年，她应韩国文化体育部之邀，率领笑石舞剧团韩国分团赴北京参加庆祝中韩建交四周年的"韩国文化周"活动，公演了新创作的现代舞剧《地球人Ⅱ》，其"以少胜多""静多于动"，更具东方传统哲学色彩，更微量、精准的舞台处理，再次向中国专业舞蹈界和广大观众提出了挑战，并当然地引起那些崇尚推陈出新、渴望新鲜刺激的中国专业艺术工作者和普通观众的赞叹不已。此后，她还曾应广东实验现代舞团创团团长杨美琦和上海戏剧学院之邀，先后赴两地做公演和教学，同样为两地的艺术节和观众留下了深刻印象。

1997 年，她邀请中国东方歌舞团编导家文慧和实验派电影家吴文光，前往"第三届竹山国际艺术节"公演。2000年，她邀请我和前卫美术家焦应奇前往"第六届竹山国际艺术节"讲演。2003 年，她邀请我前往首尔艺术中心的土月剧场，为韩国文化观光部全额资助的"纪念洪信子舞蹈生涯 30 年系列活动"作讲演，以我的亲身经历，评介她在纽约、广州、北京、天津、上海的舞蹈创作、表演、教学情况及其重大影响。2002 年，她又根据我的推荐，邀请刘春、肖向荣和张云帆组成的"空空舞室"去"第八届竹山国际艺术节"公演，并对他们融舞蹈与视频于一体、颇具创造性的演出给予了高度的评价……所有这些中韩之间的舞蹈与文化交流活动，使得韩国及国际舞蹈和文化界不仅重温了中韩两国舞蹈交流历史的源远流长，了解了中国现代舞的来龙去脉，而且耳闻目睹了新时期中国大地上出现的如此生机盎然的现代舞和高科技艺术，切身感受到了中国的改革开放国策绝不是一句空话。

无独有偶的是，比洪信子早半个世纪，大名鼎鼎的朝鲜舞蹈家崔承喜就曾对新中国的舞蹈产生过重大影响，而她们两位都毕业于"淑明女校"，崔承喜在其附属中学毕业后，便开始了自己的职业舞蹈生涯，而洪信子则是在其大学部的英文系毕业后才走上了职业舞蹈之路。当然，更重要的是，在 20 世纪朝鲜半岛的舞蹈史上，两人虽然相隔半个世纪，却被同时誉为"里程碑式的人物"——韩国权威乐舞批评家朴容九宣称："整部韩国现代舞蹈史上，唯有崔承喜和洪信子属于里程碑式的人物，其他人的舞蹈则太多取悦于人的成分，缺乏强烈的艺术冲击力。"而韩国著名舞蹈史学家郑昞浩教授则认为："（20世纪）80年代的洪信子就其世界影响而言，不亚于30年代的崔承喜。"1992年，85岁高龄的朴容九先生甚至在自己专著的结尾处这样写道："洪信子是韩国现代舞百年历史上最具创意的编舞家。"

1985年，美国影业公司曾以她为核心人物，拍摄了故事片《"笑石"的一天》。1986年，韩国广播公司电视台曾在新年的特辑中，播放了电视专题片《世界之巅的韩国人——洪信子》。而1994年以来，韩国广播公司还曾多次拍摄，并播出了她的专题片……

以上的这一切，使得洪信子成为韩国舞蹈界中知名度最大的人物。而我多次与她在安城和首尔同行时，街头的行人，或中餐馆的老板和食客们那惊喜的眼光，或难以置信的确认，都足以说明了这一点。素以直言不讳而著称的美国舞评家德博拉·乔伊特则曾这样写到："同洪信子一道走在首尔的大街上，就像同一个电影明星一道走在纽约的大街上一样引人瞩目！"

作为国际舞评人和洪信子的老友，我曾应邀在10年前为她这本自传的第二个版本作序，并很高兴即将看到中央编译出版社与青豆书坊推出的第三个版本！我相信，读者朋友们一定会和我一样，对这本既开门见山又振聋发聩的舞蹈家自传爱不释手！

欧建平

中国艺术研究院舞蹈研究所名誉所长、国际舞评人

2022 年 12 月 2 日于北京

生命中的缘分

记得那是 1991 年的事。

在我进入现代舞的初期即与洪信子有缘，受教于她。这是我一生中第一次不在中国式的教学方式里学习，让我开始思考关于生命、生活的哲学问题，开始感受艺术的根源与它的哲学回应。

我很小就开始跳舞，知道如何做动作、表情，如何增强基本功，在此认知基础上接受和学习舞蹈。洪信子第一课的第一个动作，就是"慢走"，看似毫无难度的舞蹈方式却让我无地自容。因为，我的第一直觉是这太简单了，不就是慢慢地走嘛，对于我们这种以动起家、以动为豪的舞蹈人来说，没有任何难度，走起！走着走着，我突然发现别人都走得比我慢，我怎么也慢不下来，可洪信子的要求是"尽可能地慢"。于是，我的心提到了嗓子眼儿，眼睛不敢张望，但余光还是能感受到我似乎走在前面。不要、不要呀，我赶紧放慢、再放慢，整个过程中都十分紧张，没有任何之前的经验来调整当下的失误，我只能坚持、再坚持……

这是一次类似拷问的经历，我慢慢地沉浸其中，才有了真正的感悟和觉醒。原来，我们可以不被表面的华丽所牵绊，而是专注于内心的平静，在平静中窥见自己，在简单中领悟一些被我们忽视或遗忘的东西。原来，我们自认为的能力和价值都是招摇过市，不堪一击的虚妄。一个强大的自己必须开启自身的智慧，而如何开启自身的智慧呢？可能只需要用简单的行动窥见真谛，去繁就简，摆脱对外的"扩张"，进入内部的"构建"。

整个课程，洪信子没有说过一句"我在教什么""现在来教你们即兴"之类的话，但她的每一个行动都能让我们在不经意间被熏陶。有一天，她问我们："在你生命中最有记忆的故事是什么？"我好认真地想，想要选出哪个是我的"最"，一晚上都筛选不完，恨不得告诉她我不能只有一个"最"。第二天，我以为她要我们拿自己的故事来编舞，恰恰相反，她什么也没做，再也没有提过这件事了。后来我隐约领悟到，其实她给我们提供了一个空间去整理自己的过往。这样的方式，让我觉悟到一切都是过程，过程本身就是收获，没有必要非要有一个结果。回溯过往，重要的事情，只要沉下来就能浮现出来。

当然，当时的我根本没有这样的悟性，一件有点搞笑又让人终生难忘的事便发生了。

不知洪信子看上了我和另一位同学什么，她让我们即兴一段。当时的我根本就没有发现我有这方面的才华，凭着本能即兴了一段，当然我不认为这是舞，而是潜意识和内在行动力的瞬间爆发。我们太激动太兴奋了，惊喜于意想不到的自己被挖掘出来了，而且这是非常有意思的展现和阐述。第二天，同样是即兴，由于环境不同，来了一帮看的人。我又紧张又无奈，甚至拼命回想自己昨天做了什么，不由自主地想要抓住救命稻草。于是，我重复了昨天的行为，一种全然不同的感受喷涌而出。天啊，什么感觉、什么状态都没有，昨天的一切美好感受荡然无存，心里太不爽了，就好像做贼似的。这场所谓的即兴让我至今都耿耿于怀、非常懊恼……

当时的我无法认知，但这一切对于之后的我却是一个思考驿站，冥冥之中我被其影响，不断地实践和研究。多年后我明白了什么是即兴，为何要以即兴的方式挖掘自己、拓展自己的认知。我的舞蹈体系开始以即兴为主，对舞者、对教育、对创作都形成了内在的逻辑和运作的桥梁，甚至是终端，才有了大一统的"气韵之舞"。

洪信子分享了她的很多作品，那时我还没有能力去理解她作品中的思想和哲学。我只知道舞者很投入、舞蹈方式很特别，没有我熟知的舞姿，我被这些东西深深吸引，却说不出个所以然。显然那个时候的我不能与她站在同一个高度。

2001年她来北京演出。10年过去了，我想看她作品的心情非常迫切。再一次，我被"慢"震撼了，如今的我对这个"慢"已经不陌生了。但是，5分钟后，台下的观众有了骚动，再过一会儿，喝倒彩的掌声断断续续出现。我坐不住了，这样的作品对于中国的观众来说显然是不能接受的，他们看惯了舞蹈中的煽情、炫技，以及加入音乐和舞美的华丽舞台，怎么耐得住，又怎么能接受这样的"慢"。我为洪信子担心，她是否很难过，这样一位国际舞蹈大师，在持续45分钟的喝倒彩中会想些什么呢？结束时，她鞠躬谢幕，一副像儿童模样的小辫子，那样可爱，那样真诚的微笑，那样平静，我的泪水不由自主落下来，我的思考驿站再一次开启……艺术是什么？艺术真不一定非要表现所谓的美，艺术是对生命和生活的态度与思考，艺术能够提升至哲学高度让我们去理解和解读。

洪信子的艺术带给我的远不止一些美好的回忆，而是让我经历了一些东西，这些经历到了一定时候成了我巨大的潜能，让我窥见智慧，回到人生最根源的问题。我们学到的知识是有限的，也是会过期的，但是"缘"会与你共存，伴你成长。洪信子可能早就不记得我是谁，但有这样的"缘"陪伴着我，让我的"思考驿站"长久、温暖、有力。

此书亦是如此。自由，真是人生的课题，想要拥有自由，首先要不惧自由，是否不惧，对于生命来说真是走在钢丝上的拷问。如能经受得住这个拷问，整个生命过程便得到了自由。我以为自由从来不是什么生活方式，而是用精神琴弦不断撩拨人生的意义，活在当下可能便是对自由的回答。

万素
国家一级编导，北京舞蹈学院教授、
学术委员，首任创意学院院长

　　这本书是 24 年前首次出版的，在出版社的努力下，成为当时最畅销的书，读者的反映也非常热烈，我自己也因此信心倍增。我不知道这本书作为人生指南，对读者是否有价值，但通过它，我遇见了无数从十字路口追求自由的人，我感到十分惊奇。

　　后来，随着岁月流逝，世界发生了剧变，这本书也渐渐绝版。十几年里，我遇到了很多想要再读一遍这本书的读者，也有人拿出 20 年前的旧书请我签名。"对我而言，现在重新出版此书的意义是什么呢？"我扪心自问，然后意识到自己仍然渴望给予那些自由就在身边却看不到的读者一份礼物。

　　事实上，就在一年前，我突然收到了另一份大礼。我这辈子做梦也没想过的孩子要诞生了——那是我的外孙。神奇的是，就在女儿怀孕时，我做了一个梦，第一次梦见一道从未见过的双彩虹。梦里的那个瞬间，我好像屏住了呼吸，清晰地意识到这显然意味着什么。不久后，女儿怀孕和出版社要出版这本书的修订版的消息同时传来。

我生活在一个与现代读者完全不同的时代。1945年时我5岁，第二次世界大战刚刚结束。紧接着1950年——也就是我10岁那年——朝鲜战争爆发了。二战结束后，住在中国东北的我们一家爬上火车顶，回到了韩国。每当火车在站点停靠，我父亲就跳下火车去弄点吃的，父亲那样的形象至今还时常鲜明地浮现在我眼前。在战争的恶劣环境中，人们互相憎恨，互相残杀。在不断的爆炸声中睡不着觉的噩梦般的日子，我仍历历在目。我小时候就开始思考为什么会发生这些事，为什么？这些问题成为我人生的大课题。后来，我找到了答案。我朝圣般地绕着地球转了几圈，穿越了无数河流、山脉，以及广阔的海洋，我不断地寻找并发现自我，最后遇见了自我。

现在，作业结束了，我只有自由。

洪信子

2016年于潭阳玉泉谷

自序二

自由生活

作为一个女人，一个生命被困在笼子里的人，我试着做我想做的一切。所以，我才经历了那么多深刻、绝望和激烈的时刻，感觉就像看到了关于生活的所有幻想。现在，即使让我躺在房间里，看着天花板度过余生，我也没什么可后悔的。

当我开始回首人生的时候，往事无休止地袭来。难以忘怀的瞬间太多了，我沉浸在回忆里，无法自拔。这让人痛苦——想要抓住往日记忆的瞬间，而那些瞬间却总会逃走。我现在只想活在当下这个时刻。啊，好吧，简单来说，我一直活在当下。

但如果这么总结的话，我的舞蹈生涯该放在哪里呢？从骨骼和肌肉都已僵硬才学舞的年龄开始，一直持续到现在，包含我人生全部悲欢离"病"的舞蹈该放在哪里呢？那么，我再总结一下——我生活在跳舞的瞬间。但似乎也不对，我不是也曾一度抛弃过自认为是一切的舞蹈吗？好吧，最后我重新总结，即使总结得不好也不管了。不再多想了。出去吧，为了跳舞的那一刻。

为了自由生活在跳舞的瞬间。这一句话正是这本书的纲要。

洪信子

于火山

目录

자유를
위한 변명

隱入山林

· · · · ·

我现在仍然不是一个完全自由的人。有时
我还会认为这个世界上最不自由的人就是
我。一个很明显的事实是，我现在起码有
了一定程度的自由。并且直至今天，我一
直生活在对自由的追求中。我所做的种种
努力就是为了破除幻想，与自我做斗争。
在这个冲突过程中所发生的事情，是没有
人能听见和看见的。我总是在与自己对
话，有时是在纸上，有时是在静思中。

我现在住在森林里。

事实上，我的住地并不固定。因为我有时会去纽约、首尔或者其他地方，我的生活带有一些流动性。可是，不论去哪里，最后我总要回到夏威夷的火山口森林。在这里，我永远会有种"回家"的感觉。

提到森林，人们常常会想起恐怖电影中可怕的镜头。但我住的森林却一点儿也不可怕，没有毒蛇，没有野兽，更没有当地的土著。

在美国，不管是哪儿，凡有人居住的地方都有络绎不绝的商行。我这儿也不例外。感谢美国神通广大的电力公司为这里也接上了电源。另外，环顾四周，我能看到的却只有树丛、野草和花鸟们。偶尔还会欣赏到一些小蜥蜴，它们好像孤陋寡闻，从未见过可怕的事情，总是一副悠闲自得的神态。曾有一只小蜥蜴笨手笨脚，不慌不忙地从我的脚上爬过。

森林中很少见到粗壮的大树，尽是些细秀的树，长得又高又茂密，因此穿越起来有些难度。林中有许多蕨类植物，常湿漉漉地挂着露水，每当我走过时，露水很快便会洗湿我的双脚。这让我感到很惬意。

我自己动手搭了一个小窝棚。不过，我在那里没住多久，便出了问题。一天下午，我在窝棚后边散步，发现一些跟鸢尾花十分相似的野花，色彩斑斓，非常可爱。于是我背着手，弓下腰，一边踱步一边欣赏。虽说它们是模样朴素的一年生草本植物，但它们鲜明的色彩和轮廓如此动人，我深深地陶醉了。时间很快流过去，几个小时后，我直起身看看四周，忽然发现小窝棚不见了，而我已经找不到方向。此时已近傍晚，我知道，我迷路了。

其实这里并没有路，到处是草丛树丛，我是拨着野草和树枝来到这里的，并没有留下任何来时的痕迹。意识到自己真的迷了路，我心里非常着急，于是急急火火朝一边寻去，发现不对，又急急火火转到另一边，也不对，很多树木都显得陌生，于是又去寻另外的地方……我想我一直都在散步，走得很慢，不会离"家"太远。可我记不得方向。这时，天色渐渐暗下来，远处的树木已经看不清，只能依稀看到眼前的景物。

我越发慌起来，像一只野兽不停地转来转去，大声呼救："救救我！"希望有人能听到我的叫喊，但在这里显然不可能。过了一会儿，我冷静下来，开始思考到底发生了什么。我问自己：

"你有什么急事吗？"

"没有。"——我回答自己。

"你怕吗？"

"不怕。"

"你冷吗？"

"冷……"

我确实有点儿凉。虽然夏威夷地处热带，但这里属于高地，气候不同于热带与亚热带，倒很像温带，一到夜晚便开始降温，令人觉得有些凉，但不是冷。我不再自言自语，因为我明白过来，我不必急着回家。

我好像想通了，于是坐在一棵粗大的树下，靠着树干闭上了眼睛。这时，整座森林都静悄悄的，白天那些叽叽喳喳的鸟儿都歇息了。不知从哪儿传来一些细微的声响，我想那定是幽闭的蜥蜴们在爬行。

我的意识在随着呼吸流动。我想，我住在这里是因为我想面对自己。我想过一种悠长而无扰的日子，在这儿，没有谁能妨碍我，也没有什么能激起我对生活的各种欲求。我处于平静中，除了我没有第二个人，因此我唯有自己面对自己。我可以悉心审视自己在繁嚣的城市中不知不觉滋生出的自我（ego）。我闭着眼睛，无法停止对往事的回想，脑海中不断浮现出一张张画面。

在这些回想中，不断涌现并占据我思想的问题是："我是什么人？""我是一个优美而高雅的存在。"这是最初的答案。但它是不真实的，是对别人编织的虚伪辞藻。思想有如云雾，不断地分散、聚合。此时，我确切地目睹了我心中无数个不断跃动着的"自我"。

我是世界著名的舞蹈家洪信子——我的存在是一种长久性的重要存在。因此我以为我所做的一切都有很大的意义，都会受到他人的尊重……这些潜藏于心的思想，鲜活地在脑海中浮闪。我意识到，我在面对两个不同的我。

潜藏于心的思想平时很难闪现在意识表层，而是隐藏在各种奇妙观念的纠缠之下，令我迷惑。然而，我用冥想来挖出它，找到了我的自我，此刻，我看清楚了它的虚假和伪善，可以轻易地斩断它了。我感到一丝哀伤。这说明我已经开始淡薄了我的自我，也动摇了自我的根基。

哀伤之后，我感到一种恐惧，是每个人都有的恐惧感——这是比死亡更令人害怕的感受。不过，这种恐惧渐渐消失了，取而代之的是一种获得感，有如经历了漫长的黑夜突然见到了光明。刹那间，我才发现刚才那并非恐惧，什么也不是，只是一种得到自由时的快感。我清楚地看到，我并不是一个特别的存在，这很重要。我发现我并没有遗失什么，也没有受到伤害，更没有被破坏。

获得了自由的快感充盈在意识和身体里。我的自我又一次死掉了。也许将来不知何时它还会再复活，那时我会像这次和以前一样，让它消失。

不知过了多久，我在一种无法言喻的喜悦中慢慢睁开眼睛，发现自己坐在潮湿的树丛中，四周一片漆黑。奇怪，今夜没有月亮。我想起来了，我迷路了……

我始终没有察觉而此刻却发现，就在我前边不远处，一线光亮正在树枝的间隙闪烁着。难道那儿就是我的家吗？我想起来，我白天忘记关灯了。因为一开始迷路太着急，慌乱的感觉遮蔽了视线，所以我才看不到那灯光。

我缓缓起身，以目光测量到家的距离有多远。我把那灯当作灯塔，一步步数着往家走去。原来如此之近，还没有三十步哩。居然在离家这么近的地方喊起了救命……我暗自发笑，心想，在家后院迷了路……这就是森林的生活。

最初来到这座森林是在 1984 年。

当时，我收到了檀香山夏威夷大学的表演邀请。显然，作为活跃在纽约的东方舞蹈家，我已名声远扬。尽管活动规模不大，我还是去了。火山口艺术中心也希望我去那儿研讨当代舞蹈的现状。艺术中心正好就在夏威夷岛上。

檀香山的演出结束后，我坐了五十分钟的飞机到了夏威夷岛。那儿给我的感觉不像是想象中的夏威夷。夏威夷州由许多个大小岛屿组成，如考爱岛、欧胡岛、摩洛凯岛、茂宜岛等，夏威夷岛是其中的代表，艺术中心就在夏威夷岛上。由于它在夏威夷群岛中面积最大，人们又叫它大岛，大岛这名字比夏威夷岛叫得更响。

在我的想象之中，这里应该有草裙舞、比基尼，熙熙攘攘的游客以及游乐场与饭店……然而这种想象一离开欧胡岛的檀香山机场便消失了。

大岛上游客稀少，是个安静神秘的岛屿。岛上的第二高峰是莫纳罗亚火山，它的中心处叫作火山口，邀请我的艺术中心就在这里。当我环顾火山口的时候，立即被大自然的纯净之美以及充满活力的生命气息所吸引，有一种到了月球或其他行星的错觉。我第一次发现，这里和别的地方迥然不同。我惊呆了。

和地球上其他地方相比，这里的树木更繁盛，四处盛开着各种各样色彩鲜艳的花。也许是因为雨水过多，很多树干的底部都是浅黑色的，看上去像被腐蚀了。如果用手触摸，会感到树木的潮湿和新鲜，散发着勃勃的生机。我想，这样的树才是真正本色和原生态的，那种纯然的原始香气中，蕴藏着盎然的生命。

大岛是夏威夷群岛中最年轻的岛，还在形成之中。整个岛由火山喷发的熔岩堆积而成。全岛的火山活动至今未停。在岛的东南角，我们看见火山的喷口处还在不断地吐着岩浆，岩浆缓缓下流，岛便一寸寸扩大成形。令人尤其感到不可思议的是，埃及的金字塔与夏威夷岛在地理位置上形成了精确的对峙结构，所以我总感觉这儿弥漫着一种极不寻常的气息。

　　身居这样的岛上，我只想说："真漂亮，真洁净。"当要告别它返回纽约时，我暗暗对自己说："我一定要再来。"然后，我就总想着再去找它。去的机会偶尔会有，为了邀请我，艺术中心会举办一些舞蹈艺术研讨会。来过几次之后，我终于想到要在这里终了一生。面对这里秀丽的自然景观，我心里生成一种充分的安全感，把它看作我真正的安息之地。这里日出日落，季节更替，一切都按规律变换，因此使人看清楚天地运行的状态。即使是死亡，也感到心安和莫大的欣慰。

　　舞蹈家的生活总是靠激情支撑，偶尔需要松弛一下。因此，我每年抽出一两个月或者更多时间来这里度假。就像现在，我远离尘嚣、远离城市，尽心尽意地休息。

　　在这儿我需要一个家一样的居所，便在 1987 年建造了一个很小的木屋。这个木屋主要作为我个人冥想与休息的场所，我还会邀请一些亲密的伙伴共同分享一种纯净的冥想体验。我想起印度圣徒们聚集一堂的静修之地。静修地并非人能创造的，它本该是天然的。这是我在印度修行的老师尼萨迦达塔·马哈拉吉[1]的话。

我不能做导师，我也不能创造圣徒们的静修之地。我真实的理想是建立一个生活中的冥想组织。我把这个想法告诉了几个朋友，他们都很支持我。我拥有后援者。

有了小木屋，就可以开始生活了。我又建了一个较大的舞蹈室，再加一个木制的小窝棚，同时还解决了用水问题。我造了一只很大的桶，用来储存雨水。虽然这些设施不足为奇，但我仍有一种负疚感，因为我破坏了这里安静的大自然。房子都是木制的，尽量盖得矮小，这么做是想尽可能减轻破坏环境的负疚感。不管怎么说，这儿的森林因为我的到来改变了一些原始的面貌。

这里虽然偏僻闭塞，但离我几百米处还是有人居住的，旁边可以寻见一条阶梯状的小路。但总体看，这里仍是森林。走在后院的树丛里，我仍时时会迷路。

我的森林生涯就这样开始了。虽然偶尔会离开，但终

1　尼萨迦达塔·马哈拉吉（Nisargadatta Maharaj，1897—1981），印度著名的精神导师。

是要回这里歇息。

人家说："你有这么一个隐匿之地，真是令人羡慕。"我想这样说的人并不了解我的真实心理。说起来我是在这里休息，其实不然。这里并不是过奢侈生活的别墅。在这个地方，我要做的不是隐遁、逃避，而是同自我做斗争。那是一种货真价实的痛苦。虽然不存在什么正面冲突，但问题的核心是我的自我。

为了生存，我和这个世界上的各色人等打交道。虽然不情愿，可又不能不同一些想要见我的人待在一起耗费时间。就这样，不知不觉中我失掉了本性。我不是完人，不可能常常保持清醒。有时候，我分明感到内心的视线变得模糊不清了。我渐渐开始害怕思考和正视自己，因为一旦空闲下来，我就会看到自己的本心。于是我疯狂地做事，在忙碌中逃避自我。在虚饰的荣誉和名利之中，我以忙碌的工作来求得内心的安宁。

一旦内在的视觉变得明澈，我就会突然发现自己的怯懦。于是我坐不下去了，决意流放自己，到一个时间充裕、可以自在地待着的地方。没有必要的事情等待我做，甚至连食物都很匮乏。这样的地方就是火山口森林，明洁清新的空气，美丽无比的大自然，给人一种安逸平和的感觉。

然而目前我还没有完全享受这种感觉。它对我来说为时尚早，我知道我还不具备纯粹的欣赏资格。

欣赏大自然要经过内心痛苦的冲突与斗争。为了获得欣赏大自然的资格，我必须付出代价——这就是面对自我时的痛苦。

没有可供消遣的东西，也没有令人兴奋的事情，纯然的自然空间令我感到极度无聊。在极度无聊中只能呼吸和体会。体会这种无聊时，我表面上平静，其实一种激烈的斗争马上就要降临。

我的本我开始显现出来，准确说是暴露出来。我不希望面对的那个被贪欲、愚蠢以及所谓愤慨包裹着的我，被剥去层层叠叠的外衣，暴露在炽热的阳光下。

我很清楚，我内心生长着贪欲。为了不使这贪欲显得难看，我尽力地掩饰，从而和它们朝夕相处不觉可羞。是我的怯懦为种种贪欲提供了掩饰和温床，同时我的内心又生长起来所谓的愤慨和愚蠢，以及各种各样虚伪的心理。如同对待贪欲一样，我为这种种的虚伪心理提供了辩护，并用固有的观念与行为助长它们。我看到了我以虚伪装饰的本质。

此时，我和我的自我进行着严肃的斗争。我体会着战胜自我的勇气以及一种受到伤害的痛苦。我有多大的勇气坦率地承认我的错误，就会遭受多大的痛苦。然后，自我死掉，一场争斗结束，我才有了欣赏美丽的自然风景的资格，在其中感受那份安逸与平静。

"你有这样一个战场，真令人羡慕。"

他人又说着这样羡慕我的话。我无言以对，所有这一切都只让我感到羞愧。我也有自动离开森林小屋的时候，这意味着我有了自信，不管去做什么，都能保持清醒的意识。我是一个活生生的人，我的生活舞台在纽约、首尔，以及其他一些城市。我不曾把这些地方丢弃，也不想逃开。但在没有产生充分的自信之前，我不能离开这里。只有当我自信能够不再同世上那些贪欲、愚蠢以及所谓的愤慨同流合污时，我才会从这里走出去。那时候，我不必冥想和静修。我的心自会最先感应到这些，身体也会自然流露出想要歌唱和舞蹈的渴望。于是我便穿行于森林之中，载歌载舞，任凭深深的草丛上的露水打湿我的双脚。在这种心境下跳出来的舞，正是我下一个作品的主题。

谁也不会想到我会有电话。

当我恢复了自信，与外界的通话便也不会对我造成什么影响。几年前，我在这里装了一部电话。我不是不知道害怕。我听说亨利·梭罗只带了一把斧子便进了森林，并在那里发表了他的独立宣言。而我甚至还有电话，我把这里变成了一座现代式的森林。电话安装之后发生了一件可笑的事情。有一回，我在门前院子里散步，嘴里哼着歌，耳边好像听到了电话铃声。我猜那准是卡伦或者海姆，所以不想接。他们是我的经纪人，即使不听电话我也知道他们可能会说些什么："你在做什么？"然后催促我赶快从森林里出来。我会回答说我不想出来。他们肯定又会这么说："你到底想不想当更红的舞星呀？"我讨厌和他们反复讨论同一个话题，所以没有理睬电话，依然散我的步。过了好一会儿，电话铃还在响。看来这不是件小事儿了。我便进屋去接电话。奇怪，那声音并不是电话铃声。细细分辨，声音竟在外面。我循声望去，原来来自一棵开着红花的树上。树冠上站着一只鸟儿，当我看到它时，它一下子飞走了。原来那电话铃声就是这小鸟的歌声。

本来，我的电话铃声是模仿鸟叫的，听到那鸟儿有规律的鸣叫，简直和电话铃声一模一样，我竟误以为是我的电话在响。我不认识这种鸟，在有人告诉我它的名字之前，我暂且叫它"电话铃"吧，不管这名字好听与否。至今我还常常将真的电话铃声与那鸟儿的叫声混淆起来。不过感谢这只小鸟，它使我时常把卡伦或者海姆催命的电话当作鸟儿的歌唱。

给我打电话的人中，除了竭力劝我出来的经纪人，还有我的丈夫，以及我在这里结识的朋友——本太太。

本太太住在离我十公里远的地方，她靠退休金生活。在她老迈的外表下，潜藏着一股英国贵族后裔的自豪气质。她善于分辨美与丑，理解我的艺术观和生活方式，因此我们一直是好朋友。

她总是乐于为我提供帮助。如果没有她，我很难在这里生活下去。因为我几乎与世隔绝，没有她的支援，我也许只能靠喝雨水过日子。她曾带我去我想去的任何地方，替我买食物，又上邮局的私人信箱帮我取信。我们的情谊很快发展到彼此默契。如果她来电话，我会悄悄问她："今天去城里吗？"她似乎正盼着我这样问，马上爽快地反问我："啊，你需要什么？"

与自我的冲突一结束，我的头脑就清醒得很，拥有了享受大自然的资格。在我刚刚拥有这资格的那天，我打电话让本太太到我这里来。像往常一样，不到二十分钟她就和她的老式汽车一起出现在我的门口。于是我们一起驱车去高地。

火山口一带是国家公园，其中的高地是个熔岩台，是不久前火山喷发形成的。因而那里寸草不生，只有四四方方一个大熔岩台，看上去相当壮观。它的表面是蜂窝状的，面积阔大，虽然上边也有一些凹陷或断裂处，总的来说相当完整。

我们站在岩台上，如同小小的蚂蚁一般。这时我不禁想到了死亡。我想，一只苍蝇飞到一个巨大的蜂巢里，心情是否就是如此……我敞开衣襟，深呼吸，岩台上刮来清新自由的风，令我心胸舒畅。

回到车子里，本太太对我说："今天是农历十五。晚上七点二十分，你愿意去吗？"我知道住在这一带的人，每个月的农历十五都会准备许多吃的，当月亮升起时在东边的海滩上举行晚会。本太太问我要不要参加这个赏月晚会。

"怎么办呢？我没有什么吃的可带。"

"不用担心，有我呢！"

确实不用多说什么！

黑色海岸就和它的名字一样，是一大片黑色的海滩。那个晚上，人们果真都在海边赏月。这里的海滩沙粒很大，像小豆子似的，遍布整个海滩。沙子的颜色是神秘的黑色，这是熔岩被海水冲刷后呈现出来的颜色。吃过一些东西后，我们便走到海滩静等月亮出来。

太阳已经下山了，月亮还没有升起。天空是黑色的，海面、沙滩也都是黑色的。人们就像一个个黑色的颗粒，坐在那儿，屏住呼吸，看着天空。再过一会儿，太平洋上那轮巨大皎洁的月亮将会升起。听说它会明亮得使人产生错觉，以为是在早晨。

突然间，到处都有人欢呼起来。很快，月亮高高悬挂在了天上。月亮的升起常常是如此突然。它穿越透明的大气层来到我们眼前。黑色的海滩光溜溜的，好像许多有着坚硬外壳的巨大爬虫。海面波光粼粼。海岸对面，借助树影，能看出那是椰子树林。我的肌肤感觉到了月光柔和的倾泻，以及月光带来的气息。耳际仿佛听到了一些清晰的旋律，我也情不自禁欢呼起来。

这便是自然。我完全被那月光折服了，跌坐在沙滩上。显然，大自然是我们所迎接的第一位老师，同时也是最后一位老师。我扑倒在沙滩上，感到从大自然中获得了平稳与安宁。并且现在，我将开始一种在自然中"翻来覆去"的生活。一开始，我努力寻回自己；此刻，我又努力忘却自己——这都是由于大自然的导引。

我是谁……我现在几乎不再想这样的问题。人们说想不起姓名是件丢脸的事，而我真有连自己的名字也想不起来的时候。我住在森林中，依凭一种安闲的、貌似无聊的秩序生活着。我可以忘我，我不需要同以往的任何事情联系或者去分辨它们。

我对这样的生活感到幸福。我想要获得超脱。过去的种种努力不就是为了达到这样的状态吗？为了获得超脱，我付出的努力，是从撕毁自己的幻想开始的。这幻想是很早以前自身带来的。

很久以前，在我上小学一年级的时候，学校里有一位女老师，名叫玛利亚，这名字是我给她起的。她的面孔看起来非常明洁，神态庄重，头发总是梳得一丝不乱。这样一位端庄的老师，我觉得她真的是圣母玛利亚。

有一天，我和同桌争吵起来，他是个男孩子，一点儿没有孩子对老师的那种幻想。

"老师一定不吃不喝，也不上厕所。"

这是我坚定的想法。

"错了。老师又吃饭又喝汤，也上厕所！"

同桌捶着胸口大声说，他说他都亲眼看见了。

恰好是那天，我看见玛利亚老师往厕所走。我非常吃惊，便偷偷跟在她身后。老师走进厕所后把门关上了。而我却把门打开，把脑袋探了进去。因为吃惊，老师的一双眼睛瞪得好大，正和我大睁着的眼睛对视。是的，老师真的那样做了。这对我的打击太大了，我简直无法相信。于是我气恼地关上门，跑了出去。我感到实在委屈，坐在教室门边哭了起来。

我对老师的幻想一下子被摧毁了。不论我有怎样的幻想，老师的本质是固有的。我气坏了，有一种遭到欺骗的感觉。因为我完全不懂现实存在与幻想之间有多么大的不同。

对别人的幻想很容易被现实击穿，这种幻想破灭后的痛苦也没有什么大不了的，但对自己的幻想却不同。自己，是一部深奥的作品，一件如此巧妙编织的作品。它是如此合乎逻辑和有条理，以至于你很难找到其中的矛盾之处。而这部作品的作者正是狡猾而聪明的自我。因此对自己的幻想不容易被摧毁，而一旦被摧毁，必定会承受深深的痛苦。

我现在仍然不是一个完全自由的人。有时我还会认为这个世界上最不自由的人就是我。一个很明显的事实是，我现在起码有了一定程度的自由。并且直至今天，我一直生活在对自由的追求中。我所做的种种努力就是为了破除幻想，与自我做斗争。在这个冲突过程中所发生的事情，是没有人能听见和看见的。我总是在与自己对话，有时是在纸上，有时是在静思中。在森林里，在林中小屋的生活，所有那些斗争只留下了我个人的痕迹（这就是我写作这本书的动机）。

不久之后，我会离开这里，去外面的世界。我已经打电话给外面的朋友，他们已经为我的出去做好了准备。

我知道，我住在这里永远不再离去的时刻肯定会到来。

现在我并不知道何时还会再回来——如果再一次返回，我会把这里作为永久的停泊地吗？我自己也不知道。也许我会到冰雪覆盖的阿拉斯加去定居？或者是我的故国——韩国？未来的事情谁也无法回答。而现在，我选择住在这儿。

"电话铃"又响起了，不知道是屋里的，还是森林里的。

자유를
위한 변명

想哭就哭，
想笑就笑

· · · · ·

我不回避内心涌现的种种感情，
而是进入其中，给它们以放逸。
用放逸的办法使感情获得自由，
这才符合我的天性。不判断去
做什么，只是遵从自己的内心。
事实上我一再体验到获得这种
自由的瞬间。

我很爱笑，并且很爱大声笑。

每次见到可笑的事，我便会放声大笑。因为我的大笑而引起别人一起笑的事常常发生。当然，我也会大声哭。总之，我从不肯压抑自身的一切情感。我不压抑自己，也不强迫自己违心。这种想笑便笑、想哭便哭的性格从前如此，现今还是如此。

"女孩子家不该露着牙齿大声笑！你若总是这样，以后可不好嫁人了。就是嫁了人，你也会很快被你丈夫休回家的。"

很小的时候，附近的邻居们就一次次这样警告我，甚至说得很难听。如果他们不是这样说我，而是以另一种方式给我忠告，我或许会低头认错，默默听他们的话，让自己斯斯文文成长起来。可是，用能不能嫁人的话来威胁我，使我非常反感。我感到，对女人来说，结婚就如同戴上脚镣。小时候我经常见到这种情形，所以一直想要推迟戴脚镣的时间，越晚越好，即使嫁不出去也可以。于是，为了反击他们，我更加肆无忌惮地哈哈大笑。邻居们竟敲着我的头，生气地说：

"这孩子，怎么说也不行了！"

这种事情经常发生。但我爱笑的毛病还是没改。不过，这毫无顾忌地大笑的脾性也并非毫无改变。往往正在笑着的时候，我的心中积郁着不快。哈！哈！哈！这样笑着，我心中有另一个声音：

"这样一来你就听不到别人怎样说你了！"

现在想来，我还是有些不解，邻居们为何那样对待我？毫无顾忌地坦率地大笑，究竟有什么不对？

我出身于名门望族。在我家里，冠冕堂皇、虚张声势和强迫压制，形成了一种"优雅"的美德——就是人面无表情，也无反应。我不能遵循这样的美德，这是我的天性。于是，我经常大笑，也时时刻刻会遭到斥责。

我讨厌这种压制。这种压制在生活中有许多名目，它们交织在一起形成了巨大的束缚。我想如果我挣脱了这束缚，也许什么事情都能做好。如果我挣脱了这束缚，我会毫不留恋地离开家庭、故乡，甚至我的国家。这是我很小的时候就下过的决心。后来我的家人就用我反抗"美德"的天性，来解释我那流浪的天性。

我长大后，邻居和我的家长们都理解了我的天性。我实现了多年的梦想，去了美国。那是 1966 年，我仅二十六岁。从那时起一直到现在，二十多年的域外生活开始了。我去美国，不能说仅仅是为了可以随心所欲地大笑，但也终究有这个原因。

小时候，我在脑海中反反复复地想未来要做的事情。每次这么想时，总会有一个想法首先跳出来，那就是"没有障碍，无所顾忌地笑"。不过，这个愿望并不是在美国实现的，而是出人意料地在印度实现的。

如果能够使自己全部的情感得到释放，生活中还会有痛苦吗？有一种超越，是像植物那样，达到一种无感情的麻木状态，这样的人生没有痛苦，可这已经不是人生了。世界上有很多苦行者，他们当中很多人的终极目标是从情感世界中解脱，获得自由。然而，他们却因此变得对任何事物都不动声色，不哭不笑，麻木不仁。他们认为这种情感的控制和压抑是苦行的一部分。这种苦行者我见过很多。我也是个苦行者，我的行为目标和他们类似，但情形迥然不同。我从不主张压抑真实情感的流露，也从不阻止自己释放情感。我不认为勉强自己不哭不笑是苦行的一部分。在我高兴或者哀痛时，我会毫无掩饰地笑或哭。我认为自己给欢乐和痛苦留出了不受束缚的道路。那种为了从情感上获得自由而勉强和压抑自己的想法及做法，都是大错特错的，因为感情不是原因而是结果。任何事情只要有因，其结果一定会产生。

我不回避内心涌现的种种感情，而是进入其中，给它们以放逸。用放逸的办法使感情获得自由，这才符合我的天性。不判断去做什么，只是遵从自己的内心。事实上我一再体验到获得这种自由的瞬间。

我是这样想的：我体尝痛苦，当发生令人痛苦的事时用不着害怕；我也体尝高兴，当发生令人高兴的事时用不着隐忍，所以我哭笑自如。

为了真正获得解脱和自由，我发现了一种很好的"笑的冥想法"，通过感情的纯粹放逸而获得舒展。这种冥想法不是假笑，而是忘掉一切之后的开怀大笑。这笑的冥想法有传统的方法，也有许多创新的方法。其实，并非真有什么笑的方法，任何人都可以自然地大笑。然而，过于压抑者却无法做到。

去印度时，我是一个"病人"。

我在美国生活了十年，成为知名的前卫舞者，也就是所谓的成功人士。后来，我暂且回国，在韩国舞蹈界做了几场热闹的表演，名声渐渐大起来。此后，为了获得一种超越，我将这些统统抛弃不顾，去了印度。那是 1976 年的事。关于我为什么要去印度，原因并不简单，但我只想说

"我对生活的根本问题产生了怀疑"。

那时候，我忽然有一种想要获得超脱的可怕愿望，为此我什么都尝试过了。比如：接连几天不睡觉，接连几天赤脚走路，接连几天和尸体坐在一起冥想，多次痛苦地绝食……

能想到的有关超脱的苦行，我都一一做过了。我像一个病危的人，听说这种药好，就吃这种药；听说那种药好，又马上去吃那一种。我太想明白超脱究竟是怎样的，释迦牟尼的境界是怎么回事。我下决心一定要体验到，这种决心和愿望最终使我成为一个"病入膏肓"的患者。

在印度，作为一个"病人"，我最常去的地方是火葬场。印度几乎所有的江边都有火葬场，而最令人难忘的是圣河（恒河）。如它的名字一样，这是一条神圣的河。我在那里度过了很多个夜晚，还有过一回非常特别的对于美的体验。

圣河是所有印度人迎接死亡的地方。河边的火葬场一个挨着一个。刚刚死去的人的遗体，架在熊熊的火堆上被火吞噬。尸体因火烧而不断地向下滴着水，整个江边笼罩着浓重的烟雾。那些濒临死亡的人为了死后能够被火葬，必须备足一定的火葬费。有些人带着很简单的行李来到这里"赴死"，可是预备的费用却花光了。这些人非常不幸，万不得已，他们只好沦为乞丐、小偷，甚至强盗，最终成为无法火葬的人。

在圣河，整个火化过程相当神圣，但又始终处在世俗的环境中，不得不同世俗世界的许多卑贱污秽相联系。在火葬的浓烈烟雾笼罩下，有的人在烧菜、吃饭，有的人在随地大小便，还有些人聚在一边认真念诵和互相解释经文……

奇妙的圣河边犹如梦境一般。我为求道的祈愿，在路上慢慢走着，碰到了几个苦行者。不知不觉中，大家一起坐到了河边的一个角落。不知是谁挑起了一个引人发笑的话头，我们竟一起大笑起来。在这个又神圣又庸俗、又纯净又污浊、又寂然又喧闹的河边，对立的东西相依相存着。我们生活在这样的世上，不是太可笑了吗？我们这么想着，笑个不停，一直到黎明，星星都隐退了。非常厉害的笑，笑得大家直捂肚子。这是为获得超脱的笑，笑自己以及世上所有的事情——这就是笑的冥想法。

这个时候，无论怎样大声笑，都不必担心会出现那些敲我脑袋的邻居。这是全无障碍的笑。是什么样的宿命将我引到了这遥远的圣河边，使我以往希望过的情形终于出现了？这样想着，我又笑起来，甚至觉得即使以后不能再笑，也心甘情愿。我想，谁若有过我这种通宵达旦的笑的经历，一定会理解他所得到的超脱之感。

在达到那种境界的瞬间，我的笑声引来了空虚的回声，心中却是干干净净的。笑声借着惯性回荡着，我的嗓子哑了，笑却难以收束。

不知不觉中，我心中有了一刹那的空无，似乎已经没有了任何感知，但我自己却不觉得。早晨，太阳从浓重的河雾中升起，我还在完全失控地嘻嘻哈哈地笑。我坐在那儿，身边不再有别人——奇怪，他们都去哪儿了？我一直是睁着眼睛的，却没有发现他们是怎样离去的。我始终坐在这里，对一切事物都报以大笑……我蓦地明白了，刚才空无的一刹那，便是没有痛苦没有烦恼的本我的一刹那。

在心中一切皆空的时候，我体验到了以笑来解放来表现的全部的自由。这次长笑之后，我的"病"痊愈了。

Laughing Stone.

这是笑着的石头的意思。1981 年 9 月，我在美国组建的舞蹈团便是以"笑石"命名的。在火山口森林，我家门口，我用很小的字写下了这个名字。很多人都不解，想知道我如此命名的理由。其实理由非常简单，因为石头总是在笑着。人们不也时常这样说：

"花在笑着。"

这是一句优美的话。我相信人们这么说的时候，美丽的鲜花就在人们眼前（当然苦闷的人是看不到这一点的）散发出香味。人们对一件事物有意识时便能感觉到它。因而快乐时，往往就能看到花朵、闻到花香，并且知道花儿在笑着。这是以快乐之心来看待事物。

在印度期间，那种超脱的瞬间体验常常会有。在朝圣游览时，我如同乞丐一样没有固定的睡处，吃饭没有定时。假如能碰到一个和椅子差不多大的地方，我会在上面躺一天。

有时我就在地上睡觉。以前我从未在地上睡过，所以，头一次睡在地上醒来的那天早上——我始终忘不了那种感觉——光光的地上泛着湿冷的气息，使我的身体有千斤重，然而心中却充沛着一种无法形容的幸福感。睁开双眼，我看到地上的土粒，草尖儿上的露水和昆虫，石头在迎接阳光的照射下慢慢苏醒过来。我立即恍然大悟：所有这一切都和我是形同一体的，我们共生在一个很大的生命的环抱中。这样的事实，是如此神圣和幸福，我十分喜悦地接受了。

我的意识全部打开了，像一个包含着一切的巨大空间。我感悟到世间万物都是活着的，在一刹那，我看清了它们笑的神情和深度。这是一种极不平常的包含着喜悦和幸福的意识，是对万物存在切近的深刻体验。

石头和万物一样，也是有生命的活的事物。人们之所以认为石头无生命无价值，是因为人们把石头看作死的。而我对石头有一种特殊的情愫。我说石头是笑着的，就是说它是有生命的。因为世上不能笑甚至比石头更硬的人有那么多！他们不是已经死了吗？

我喜欢石头，尽管它是冰冷的，却能给我温暖之感。我时常去有很多石头的河边，抚摸石头，也让石头抚摸我的整个身体。这样度过一天，我会有一种无欲无求的幸福感。我坐在那儿，久久地看着石头，倾听两石相撞的声音。这声音就像石头发出的笑声，我也会跟着大声地笑。

我希望别人也能感受到石头的笑声，因此在表演中我多次使用石头作为道具。头一次是在首尔的德国文化院表演《我是一团燃烧的火》，这个作品以舞蹈和声响组成，离不开石头；另一次是在 1991 年 12 月的作品《洪信子的声音》里。在这部作品中，观众可以听到我用小石头连续碰撞发出的声响，看到我以石头抚摸自己的脸颊及全身。表演结束后，朋友们纷纷过来打招呼，一个学生笑着说：

"石头真是在大声地笑，我知道舞蹈团为什么叫 Laughing Stone 了！"

可能他认为，人的笑声和石头的连续碰撞声听起来是差不多的。我不知道他是否真的感觉到了石头真切的笑声。

我曾说过，我爱笑，也爱哭。其实哭与笑仅一纸之隔，不不，甚至连一纸也不到，它们只是一张纸的正反面。从前到后，从这一面儿到那一面儿，只需翻一下就可以。所以，人笑到极限时，就进入哭的领域；而哭到极限时，又过渡到笑的领域。刚出生的孩子往往是先会哭再会笑的。养育过孩子的人都会发现，笑是哭的变形、哭的进化。两者间，大约哭更接近人的本源，又有着与笑一样的本质。

我在舞台上表演，常常发出凄凉的哭声。凡记住我名字的人，大都同时记住了我的哭声。有一次，一个年轻人同我见面，他第一次听到我灌录的磁带《迷宫》。在这盘磁带中，我负责音响，尊敬的黄炳起先生演奏了伽倻琴。年轻人对我说，他的朋友告诉他，听过之后一定能感受到某种东西。

"朋友说，要想感受到什么的话，一定要在夜间，把门关上，独自一人欣赏。我照办了。可我听到的全都是哭声，就像鬼的声音，很凄凉，很哀痛，又很寂寥……让我起了一身鸡皮疙瘩。那天晚上我怎么也睡不着，我感受到了'什么'，可我觉得这'什么'像是一种恐惧感。"

他说得那么奇怪和认真，我觉得很好玩，于是就想和他开个玩笑，假装很不高兴地说：

"真是岂有此理！你到底说些什么？你怎么能认为那是哭声？是笑，明明是笑声！"

说实在话，《迷宫》的确不是哭的声音。年轻人有些尴尬地说：

"现在我想想，可能是笑声。要是我这样想，那天晚上我就能睡着了……对不起。"

他真是一个单纯可爱的年轻人。

有一天，我忽然想体会一下这个年轻人的话。在一个无人的深夜，我关上了门，仔细听了一遍《迷宫》。听后我全身颤抖，确实感受到了"什么"。没有想到，我自己听也会发抖。这的确是一种特殊的欣赏方法。今后想要听《迷宫》这盘磁带的人，我都劝他不妨这样来听一听。

我一个人练习发声时，常常以笑声或者哭声结束，以哭声结束的时候更多一些。在一间空房里，我安坐着，全身放松，开始练习，安静地深呼吸、哼唱，有时配以乐器，嗓音先升高，再逐渐转低。我练习的时候相当专心，声音每至高阶，便自然地发出哭声。没有人在此地，我任意地大放哭声也不会惹人厌烦。我感到在大放哭声时，很像用洁净的水洗澡，将我一身的压抑与紧张全部洗掉，让人相当清爽。我觉得哭净化了人。

在我独自一人专心练习的过程中，发出的哭声是我内心无限静虚时发生的情感。精神与肉体不是两个分离的东西，而是合而为一。我意欲自己纯净，于是自然而然地行出。

这个时候，我就想起我在韩国做教授时，和年迈的母亲一同看电影的事。那是十多年前的事了。母亲好不容易从乡村来到首尔，七十多岁的老人旅行很困难，但她心里却相当高兴。她身着韩国传统服装，脸上刻着深深的皱纹，明显透出往日辛苦和遗憾的人生。我的心情非常歉疚。对于辛劳的母亲我没有尽过一天孝心。因此这一回我很想认真做个孝顺的女儿，便问母亲现在最想做的事是什么。母亲说，她只想看一部典型的韩国悲剧电影。

对于那部电影，除了它很成功地使观众落泪，其他如演员的名字、电影的情节等，现在我一概不记得了。因此我觉得那部电影并不怎么精彩。当时韩国的电影业，不管电影内容如何，演员水平好坏，只要导演能让人下泪，便会享有盛誉。但记忆里那部电影虽然让周围的人纷纷落泪，却没有感动我。在电影演到三分之一时，我一直无聊地坐着，希望赶快结束。可是很奇怪，在电影快结束时我鼻子却发起酸来，眼眶发热，很快落泪了。

我那时刚刚回到首尔，因为一直没机会去看韩国电影，所以对所谓"没有手绢别看电影"之类的广告不仅毫无感觉，而且觉得可笑。那天果然就没有带手绢。我眼泪长流，边以手背擦泪边抽泣不止。终于，我不得不解下围巾，用围巾擦着眼泪，擤着鼻涕。整个电影院充满了哭声。

"唉，真是可怜，该怎么办啊？"

母亲这样叹息道，悲切地哭着。她那样伤心，令我不禁担忧起来，生怕她出事。可我却没有工夫去揽她的肩，去哄她。因为我忙着抽噎，不停地落泪，根本顾不得她了。电影结束后，我们无精打采地出了电影院，悲痛却没有停止。我站在那儿，对着外面的阳光，不停地眨眼。这时，我听见母亲说：

"肚子饿了吧，孩子？我们去哪儿吃点儿好东西去！"

她的嗓音非常清亮。我有些诧异地看着母亲，不知道为什么忽然间母亲的脸色就明朗甚至快乐起来了。刚才那个伤心痛哭的老人去哪儿了？但我也受到了感染，高兴起来。

"您说吧，想吃点什么？"

我手里还握着沾满鼻涕眼泪的围巾，便将它揉成一团掖进口袋，愉快地挽上了母亲。

哭，从某个角度来看，是自己的一个小小解脱，我看着母亲明亮的面庞，很清楚地领悟到这一点。

母亲是上一代的妇女，她们的生活充满了痛苦与遗憾，一辈子都过着做不了主的日子。她对于幸福生活的标准，就是和没有小老婆、不打妻子的丈夫一起生活。她是在非常浓厚的封建家风中，不敢喘大气过日子的女人。在我很小的时候，有一次母亲拉着我的手说：

"村子前面的小河被洪水冲成一条大河，看着哗哗流淌的洪水，你猜我在想什么？"

我摇头。母亲叹口气，接着说：

"唉！你能知道什么？如果没有你们的话，我……"

母亲的话没有说完，那时我虽然很小，但是从她的神情中读懂了她要说的要做的是什么。母亲是说，如果没有我们，她情愿被洪水淹没。我当时心中非常害怕。

走出电影院，听着母亲那轻松响亮的声音，看着她那快捷的脚步，我不禁想：母亲这一辈子的悲哀和委屈除了泪水还能用什么来排遣呢？但愿母亲心中遭受过的痛苦都能以泪水解脱。我认为对母亲来说，哭是唯一的良药了。可是从这以后不到一年的时间母亲便离世了。她以哭声来解脱那受压迫的心灵的时间实在是太短暂了。

在那家电影院里，到底是什么力量让我也哭了呢？大约是我静虚的心灵。如果我一直理性地坐着，对电影的质量及其悲剧色彩进行分析与批评的话，我是绝对不会哭的。可是我却不知不觉地打开了心灵，同时又让这颗心灵相当地静虚。于是，不管演员的技巧好坏，也不论影片的质量高低，我完全投入了电影中的悲痛。

哭出来时，静虚比悲痛更重要。静虚是在心中留一个空间，有了这个空间，人才能忘怀一切地大声哭出来。人人心中总有各种各样的尺度和标准，这些实际都是自我（ego）的另一个名字，一旦放松这些犹如缰绳的尺度和标准，便会有一个小小的解脱，就会哭。所以假如能够静虚，也就能哭，即是说，能哭就是能静虚。如果能在心中存有一个空间，那你就能拥抱世上的一切。

我以为，感情表达比用语言更强烈。不仅强烈，而且更准确和直接。哭和笑是这样，面部的表情、手势、脚的动作、皮肤的接触以及走路都是这样。它们都是非常自觉的，一次性的，完全没可能隐藏什么，也没可能虚伪造作。对我来说，我便是依据这样的方式来表现自己的思想意识的。

在生活里，我经常保持缄默。我以前说话时，常渴求精神上的活力，但在各式各样的说话语境中常常感到虚无，看到伪善和欺骗。往往在不说话时，人的视觉、听觉以及其他感觉都十分敏锐。这对我来说十分重要。我若一定要说话，就只想说真话。可如果把心里的真实感受直接说出来，尽管它真，对方听后却会受到伤害的话，那就不如不说。所以我宁愿保持缄默。

我不爱说话，因此有人说我不关心外界、冷漠。尽管我话少，表情却常常说着真话。我以为别人能看到我表情的诸种真实，可结果他们看不到。如果将心中的种种真实都原封不动地说出来，我很可能比任何人都啰唆。

表情比说话更节约，这是我们国家的一种习惯。实际上，表情应该比语言有用，一个表情可能比一百句话传达的内容还要多。

我虽常年在外过着漂泊的生活，但每年都要回一次韩国。每当我从机场出来时，都有一种难受的感觉，因为人人都面无表情。一开始我觉得很紧张，几天过后，逐渐熟悉了他们僵硬的面孔。进到城里，熙熙攘攘的人们好像都受过军事训练一样面无表情。在茫茫人海之中，我像一个游行队伍中的队员。一个超世者淡漠静穆的表情可以让人感到安定，但世俗之人僵硬麻木的面目，却让人感到不安。首尔人千篇一律的麻木而僵硬的面孔使人不安而且不快。

我们东方人自古以来深受儒教文化的熏染，面部不动声色，或者永远斯文恬淡，大家都认为这是美德，是优良的传统。于是，我们面部的肌肉失掉了表现功能。但是，人类的心理和情绪难道不是多种多样的吗？我觉得我们僵硬的面部肌肉需要大大地解放，把那种心理上种种细微多样的情感变化都如实地表现出来，这一定是大好事。

我学过表演，所以能够掌握脸部的微表情。不论是额、颌、唇、鼻或是眼睫毛等相当细微之处，都能使人明白我表达了什么以及要创造何种氛围。而且，这首先使我自己感动。我曾用很长时间进行过完整的肌肉运动训练，同时我也大量观察别人，非常认真地关心那些由面孔的细小动作所表现出来的情感内容。

人们的面孔经常会有颜色的变化，或红或白，但这远不能反映更多的表情层次。有一次，有人和我开玩笑后，他颇感叹地说了好几遍，说我的面色始终没有什么变化。然而他没有看到，我虽面色无变化，瞳仁和眼睫毛却相当紧张。他没有看到，好遗憾。那些小小的变化直接反映着我情感上的变化。

偶尔翻翻过去的照片，尽管看到的都是自己，感觉却不一样。

"这是我吗？"

我觉得不真实，就好像在看别人的照片。我想，这并不是因为岁月改变了我的样子，而是每时每刻我的表情都不同，所表达出来的内容也不同。如同天气一样，人的感情、神情每时每刻都在变。

人发自内心的真情实感，不论是痛苦还是高兴，都能感染到对方，可那种面无表情的说话总让人猜不透他到底哪儿真诚，哪儿虚伪。

有一天，一家报社请我给他们写文章。这是从未有过的事。以前我从未想到要写文章，我只喜欢写信。写文章让我有点儿不好意思。可是报社的人很诚恳也很固执地约我，迫不得已我只好同意了。

我只是想起什么就写什么，很随意的，根本没有技巧与样式，但看过的人却觉得挺有趣。我想可能因为我是舞蹈家，因此我可以违背那些固定的方法、观念，也可以丢弃一般人的心理障碍，写得好与不好都算是我的文章。当人们勉强自己做不想做的事时，结果自然会与想象的有许多偏差。当你出于本心，又恰好有了机会，事情便顺理成章了。

后来，约我写稿的人越发多了。我就不觉得有何羞涩了，想写什么就写什么，不会板面孔，也不会为难。写文章，就是将舞台上不能表现出来的内容以另一种形式表现出来。我懂得了把内心深入骨髓的、如鲠在喉的感觉用语言表达出来也是很好的。

大家都想找到能够无话不谈、听懂自己话的朋友，但这样的朋友却不多。我们的想法一旦以文章的形式写出来，就能比说话更切近地表达自己。我在无话不谈的朋友们当中，找到了最不会说废话也最能专心听我说话的好朋友，这就是纸。

我不爱说话，有时心中想到什么就很直率地说出来，话是真话，却常常会使对方受伤。写文章就不同了，因为和听者之间存在着一定的空间，一定的距离，我用不着担心有人是否会受到伤害，因而我能更直率地说真话。

这个世界人人内心都有秘密，但我并不想总是带着秘密生活。一旦有机会，我就想把它们说出来。于是，一种想要守住秘密的努力与想要说出秘密的冲动相互角力，终于成为一种负担，妨碍我做一个真正自由的人了。这种问题的解决办法有时要靠宗教。比如有了守不住的秘密便去找神父，对神父说出它们，卸下内心的重担，感到一种交托出去的欣慰，暂时从秘密中获得解脱。这是一种比较中和的方法。一方面，能够解放那种想要说出秘密的冲动，另一方面，又能有所保留，仍旧算得上守住了秘密，因为说的对象仅止于神父，是不会被公开出去的。

然而这并不是根本的解决办法，而是一种自我欺骗。所谓获得了解放或者解脱，只不过是一时的。最根本的问题是要除掉自我。什么是秘密？就是隐藏真实的自己，唯恐破坏道貌岸然的表面形象。可你的表面形象真的存在吗？不存在的。我们只有一个生命，不可能有两种截然不同的形象。

打个比方，一个人饿了一顿饭，他想隐瞒住这一事实不让对面的人看出来。可他的饥饿是真实的，他的肚子在咕咕乱叫。他怕这咕咕声被对方听见，暴露出他的饿，就假装咳嗽来掩饰咕咕叫的肚子。为了让咳嗽显得更真实，他只好不停地咳嗽。

"你是患了哮喘吗？"

"是的，我有哮喘。"

于是他不得不假装成哮喘病人，这比饥饿本身更让人难受和难堪。这样愚蠢的人我常常见到。最后，他们变成了忘记为什么要假装咳嗽却还在不断咳嗽的不自由的人。

所有的秘密背后都隐藏着自我。其实这根本没必要，因为我们的存在很渺小，即使将秘密泄露出来，也不会受到什么威胁。想隐藏秘密的人是绝对不会自由的。要想自由，要想做个自由的人，自己的一切思想情感或情绪都该以哭或笑，以种种表情、语言、文章表达出来，让心中仅留存一个纯粹的空间。然后我们还需要做什么？——和我们静虚的心灵紧紧拥抱。

在遥远漫长的印度苦行中，我最大的收获是对世间万物都报以慈悲胸怀。之后，我常感到内心有一种想要拥抱地球上万事万物的冲动。当然，这时的我已经是成人了，内心总是涌动着莫名的情感。我时常想拥抱自己，还希望能有人安静地拥抱我。也许是因为我在西方生活太久，已经习惯了拥抱这一礼仪。当我见到某些人时，首先就想去拥抱他。

很久以前，纽约附近有一个"灵与肉结合的神经疗法中心"。我并非这方面的专家，我只是较为关心。因此，在见到里面的有关人士时，我也加入其中。我发现这是一个研究会，专门研讨和解释人在神经运动的影响下身体会发生怎样的变化，以及人的身体姿势会使人的神经发生怎样的变化。

研究会工作室的人们常穿着印有"拥抱有益身心"字样的衬衫。他们鼓励拥抱，赞扬拥抱，是拥抱的倡导者。工作室的负责人主张一天起码要拥抱十四次。我不知道这个次数是否有科学根据，但我知道拥抱对人大有益处。于是，我就将参加研究会工作室的经验及我个人的看法写成文章投给报社，题目就叫《拥抱》。

从去年秋天回国至今，我和别人顶多拥抱了十次，连研究会规定的一天的拥抱次数都不够。一颗嗵嗵直跳的心感到如此空虚。我有时想要这么与人见面：我们彼此不说话，只是拥抱，长时间地拥抱，然后各自离去。我喜欢看到孩子，也很想和他们一起玩耍，小孩子们喜欢缠着你来抱他们。可是我看看周围的成人们，他们大多数都是双臂合抱着自己。这其实是一种既然别人不肯拥抱，便自己拥抱自己的形象。

这时我会感到心潮澎湃，立刻产生一种上去拥抱他的冲动。可是，他们却会拒绝，很感可羞地拒绝。我常想，为什么长大以后我们竟将这一纯洁美好的行为丢弃掉了？我们总是按照前人规范的某条原则去做，这是多么累啊！

有人看到我写的文章之后，便和他的朋友们一起组织了拥抱会，平素见面他们都以拥抱作为打招呼的礼仪。

不知这样的拥抱会会增加多少成员。双臂张开拥抱友人，你的左脑和右脑可以达到平衡，在拥抱的刹那，你流露出的力量对身体大大有益，有的还会起到疗愈的作用。据说人们一般都偏重使用大脑的一侧。科学家和学者们大都以左脑指挥做事，艺术家或感情丰富的人则喜欢以右脑来指挥，所以左脑与右脑的平衡具有很多意义。两侧大脑均衡开发的新方法有很多，其中最具代表性的是张开双臂拥抱你的伙伴。因为拥抱是双臂的张开，加之胸部的接触，当然具有健脑强身的神益。

日常生活中如果长期没人可以拥抱，或者被人拥抱，就只好去妓院了。这是很孤独郁闷的现实。我不禁想对这些男人（女人）说：请大家不要隐藏，将心中的真实情感表达出来吧！用哭也好，用笑也好，总之用真实的表情、用语言、用写作，把心中的感情表达出来吧！让内心不再隐匿任何东西！这是抛掉束缚赢得自由的第一步。然后，大家以没有城府的空灵之心互相拥抱。至少，这会对身体大有神益。

자유를
위한 변명

是
神
在
舞
蹈

. . . . .

你要唱歌吗？可是你不要用歌声只表达你自己，生活中自然洋溢着的力量要你用歌声表达出来。你要跳舞吗？可是你不要用舞蹈只表达你自己，生活中自然洋溢着的力量要通过你用舞蹈表达出来。

我是从埃尔文·尼古莱[1]舞蹈学校开始学习舞蹈的。埃尔文·尼古莱是第一个以舞蹈感动我的人。刚刚开始学习的时候，他在课堂上讲了一个故事，故事虽然简单，却给了我很大的启发。

　　伊莎多拉·邓肯[2]在世时，曾在费城的一个剧场表演舞蹈。那场表演给人们留下了很深的印象。尼古莱偶然听到当时两个观众的对话。一个观众这样说道：

　　"看到邓肯从舞台地毯上慢慢起身，两条胳膊渐渐抬起时，我竟流泪了。"

　　他说完，另一个观众也吃惊地说道：

　　"看到那个场面我也落泪了。"

　　这两位观众当时一个坐最前排，另一个坐在后面。按理说，虽然坐在同一个剧场内，由于离舞台的距离以及观看的视角不同，他们对表演的感受应该不会相同。但是，

1　埃尔文·尼古莱（Alwin Nikolais，1912—1993），美国舞蹈家、编舞家。
2　伊莎多拉·邓肯（Isadora Duncan，1877—1927），美国舞蹈家，现代舞的创始人。

在同一时刻，他们二人却产生了完全相同的感受。而邓肯的那个舞蹈动作，仅仅是很单纯地抬起胳膊。

简单的动作竟然能使人感动落泪，这让我强烈地感到舞蹈不只是通过视觉来传达的艺术，它还能调动起一种看不见的东西来传达内容。有一种眼睛，它能让我们看到肉眼看不到的东西，舞蹈便给了人们这样的眼睛。

对于刚刚开始学习舞蹈的我来说，虽然还不能准确把握和理解舞蹈的内涵，可我还是感到这是一个十分重要的问题。

不管怎么说，我毕竟是个初学者，存在着这样那样的问题，一直到后来，这些问题也没有全部解决。但我觉得无论如何，我要跳那种使人看后大受感动的舞蹈。那个时候，我便这样告诫自己，这个告诫至今都非常重要。

人们对我从事舞蹈都觉得意外。因为我从未跟舞蹈结过缘。连我自己做梦也没有想到有一天会成为一个舞者。可我现在的确是舞者了，就像肚子饿了要吃饭那样，跳舞成了我生活中的必需品。想来真是可笑，在韩国上大学，还有在美国留学时，我从未想到过要跳舞，甚至在此之前，我连一次现代舞也没有看过。

我在大学学的是英语。当时因为对美国的向往才盲目地选择了英语专业，没有别的特别想学的东西。大学四年，我没想过要做学问，只是把英文当作一个工具。1966年大学毕业我便去了美国。对我来说，那时的美国是一种理想和自由的化身，我认为在那里可以成就任何事业。我想做的事太少又太多，都很世俗，但简而言之，我一定要随心所欲地生活。为了这个热切的期望，我必须选择一个毫无束缚感的新环境。为此我毫不犹豫地到了美国。

在留学美国之前，我决定还是继续学习英文。但到了美国之后，我打消了这个念头，也没什么明确的目标。

"做我想做的事。"这是我唯一不变的主题。但是，什么是我想做的呢？我屏住呼吸凝神思索。我在纽约的一角，默然注视着这个庞大的异国，觉得新的人生在开始。我努力想什么是我最想做的。为了探索它，我彷徨了很长一段时间。

后来我竟然选择了饭店经营学。我怎么会觉得这个领域对我有吸引力呢？如今想来真是奇怪。或许是在韩国没听说过饭店经营学，觉得有点新鲜。最初我还认真学习，可是马上就感到学的东西和学科名称一样，太世俗了，真令人心烦，完全就是为了赚钱的行当。我说我要做最想做的事，我最想做的事就是这个吗？赚钱干什么呢？我疑惑不解。

正在我疑惑的时候，一种宿命般的东西悄悄地找我来了，这就是舞蹈。偶然一次，我看了一场现代舞蹈大师埃尔文·尼古莱的表演。那时他表演的是前卫舞蹈，那天舞台上的画面和灯光，节拍和音响，还有他的动作，所有这些都使我发抖、战栗。哦！舞蹈可以扩展这个世界！这无限自由的舞蹈。无法用语言表达的激情、欲望、想象和哲学，却可以用手、胳膊、腿，甚至整个身体表达出来！

"就是这样！"的瞬间震撼了我。这是一个全新的认识。因为到目前为止，我生活中最大的苦恼就是内心的压抑，无法爆发出能量。我内心的能量想要喷薄而出。

我激动万分地回到家。说是家，其实只是一个临时住处。房东是位独身老人，我和一位一边做模特儿一边上学的女子一起生活。我趴在自己的小床上想：我要学跳舞，我要将我心中所有的东西都用跳舞表达出来。

我的神情令舍友很纳闷，她几次问我发生了什么事，我只是简单地回答她："没什么。"她不会知道，那一天发生的是我一生当中最最大的事。那是 1967 年，我去美国一年后，我二十七岁。

转天，我去找舞蹈顾问咨询我是否可以学习跳舞。顾问问我多大年龄了，我回答了她。她非常吃惊地瞪着我：

"别人不到十岁就开始学了，你二十七岁才开始，这极其困难。"

她边说边摇头。她说身体是最重要的条件，你不可能成为舞蹈家。顾问的话是对的，我大失所望，一下子感觉浑身都失去了力量。看我这么泄气，她又安慰我说：

"我说的也不一定全对，你是一位东方姑娘，看起来很年轻。"

回家的路上我反反复复思考：我的决定可能是错的，可是我现在最想做的一件事就是跳舞。以前我说我要做最想做的事，现在我找到了，不要放弃。顾问说的是有困难，但并不是完全不可能，即使我成不了舞蹈家……不，不要想成不了舞蹈家，我想要成为舞蹈家，就一定能、肯定能成为舞蹈家。在我人生的这个阶段，它好像作为一种答案找到了我，如果现在不追求的话，以后可能会遗憾终生。无论如何，我一定要学跳舞，谁也不能阻止我。

我打听到纽约有埃尔文·尼古莱创办的舞蹈学校，第二天便去报了名。那几天，我没心思想的饭店经营学被我一脚踢开。我就这样开始了我的舞蹈生涯。

我一心想做个舞蹈家。可是从那以后的八年里，比起舞蹈家，我活得更像一个运动员。我毫无自信。即使让我恢复青春，我的肉体也不能再承受那种痛苦。

为了跳舞，要"撕裂肌肉"，这四个字一点都不夸张。我的年龄已经大大超标了，因此必须每天做以前从未领教过的训练：拉伸肌肉。撕裂胳膊和大腿，撕裂脖子和肩膀，还有腰。有一天早晨起床，我发现自己怎么也起不来了，只好爬着去厕所，因为疼痛太剧烈了。这也是我第一次发现，身体就是身体，它同一个人的头脑并非一体。这一发现我认为是可贵的。

我的经济来源很少，生活非常困窘。经常为了微薄的薪水，我拖着筋疲力尽的身体不分昼夜地工作。我不顾家人的反对远离家乡逃到美国留学，当然不能再开口向父母要钱。而且，父母亲的生活也不富裕，开了口也不能要到很多钱，我只能自给自足。为了养活自己，我在大饭店里当招待，给人家的宠物猫喂食，什么活儿都干。

在这样的生活条件下，我从尼古莱舞蹈学校毕业了，又在哥伦比亚大学拿到了舞蹈硕士学位，此后在纽约大学艺术学院学习编舞，也毕业了。那时，我一心想着跳舞，无暇他顾，就这样苦学了八年。那期间，为了住更便宜的房子，我搬过六七次家，但始终没有离开像废墟一样的石头街贫民窟。

就这样，我完成了学业。在纽约大学艺术学院毕业前夕，我做了毕业表演。舞蹈系主任斯图尔特·霍德斯[1]看后对我说："从今以后，再没有要教给你的东西了。"他说这样的话，就像武林师傅应允他的徒弟下山一样。我激动得热泪盈眶。

我有一个姐姐，她是一个很冷漠的人。虽然她长得很漂亮，可是冷漠的性格使她总是以自我为中心。她在婚后生了两个女儿，不久便患了无法治愈的心脏病，卧床十年之久。为了治好姐姐的病，母亲虔诚地信仰圣德道。父亲则四处奔波到各个地方为她寻医问药。可是她的病早已成绝症。

有一天，姐夫来了，要跟长期在娘家养病的姐姐单独说话。我出去坐在门厅里，听不见姐夫说了什么，不知他是在安慰姐姐，还是在责备她。我听见姐姐大声喊叫的声音，她始终哭个没完。不一会儿，姐夫出来了，不好意思地看看我，然后坐在我边上。他抽着烟，望着远处的山没有说一句话。姐夫走后，我到屋子里看姐姐，她还在哭，用手紧紧抓住被子，哭着说：

---

1 斯图尔特·霍德斯（Stuart Hodes，1924—），美国舞蹈家、编舞家、教育家、作家。

"我不能离婚，不能丢下一切去死！走着瞧吧，我不离婚，我一定要活着。"

我猜到了姐夫的来意。姐姐这一病十年，姐夫和孩子的生活毫无秩序。作为妹妹，我对姐姐的怜悯已经淡化，只感到姐夫肩负重担。他们夫妻在一起只生活了很短的一段时间，所以我能理解他的心情。如果病倒的是我，我会早早提出离婚。我很想劝姐姐同姐夫离婚，还给姐夫一家人正常的生活，但又不忍心开口，毕竟姐姐是个可怜人。

转天早上，姐姐对我说：

"我的病能治好，对吧？我感觉能治好，我心情也好，你看我，我的气色是不是好一点儿了？"

她说着，用凹陷下去的眼睛看着我。她的样子没有丝毫好转的迹象，我感到她不太正常，心里有点儿担心。果然这之后没多久，她死了。她的生生不死的希望和父母亲的努力全都没有用。这是我去美国前一年家里发生的事。那时姐姐三十六岁，她的一生真是短暂，而这样短暂的人生有三分之一的时光是在病床上度过的。我深深地感到一个刚刚开花便又凋谢的女人的不甘，我久久地为此痛哭。

结束舞蹈的学业后，我打算自己创作。这时我满脑子都是姐姐短暂而充满遗憾的一生。我想以舞蹈来解释她的遗恨。于是，舞蹈《哀悼》便诞生了。这个作品于1973年

3 月参加了新人编舞选拔赛。地点在前卫舞剧场，该剧场在世界实验艺术之都的纽约享有盛誉，是最有权威性的地方。参加比赛的有五十个人，选拔其中五位登台表演。最后我很幸运在这五人之中。

《哀悼》以哭为开端，是由韩国传统葬礼的一系列仪式演变而成的静舞。长久的哭泣之后，我慢而又慢地梳理着长长的黑发，然后转过身去，背朝观众，脱掉身上的衣服，换上另外一件，然后在火盆边化掉一张张纸钱。随着烛火熄灭，舞蹈便结束了。

尽管面对的是完全不了解东方人情感的西方人，我却掩饰不住真情，不由自主地哭了。如此悲痛的哭声从我整个的身体内发出来，似乎代表了姐姐深切的遗恨。我不知道自己如何结束了表演。

空虚、头昏脑涨的我坐在后台还是不停地哭。这时，一位不相识的西方女人走了过来，张开双臂拥抱了我。不知什么原因，她也哭着。她的哭声好像有一种强烈的感染力，我又止不住哭起来。我们相互间没说什么，过了一会儿，她缓缓地走开了。

在这些埋着深重遗恨与痛苦的动作之中，有什么东西使这个西方女人流下了眼泪呢？我的舞蹈令她感动，这是显而易见的，可是我不知道她感动的究竟是什么，是不是某种用肉眼看不到的东西，她用特殊的眼睛看到了。这东西是什么并不重要，重要的是我的作品让人感动。

转天，《纽约时报》不同寻常地对我的处女作给予了好评，舞蹈专业杂志也作了大篇幅的详细报道。我的登台表演成功了。之后我在纽约表演过二十多次《哀悼》，每次都能见到演出之后来后台默默同我哭上一会儿，然后又默默离去的西方人。

这一年的九月间，经黄炳起先生介绍，《哀悼》在韩国国立剧场表演。现场来了许多观众，反响出人意料。我的舞蹈对韩国观众好像是一场很大的打击，因为他们都抱着舞蹈一定要让人欣赏到美的观念。

观众们的反应截然对立，褒贬不一。有人认为我的舞蹈并非舞蹈，而是对舞蹈的亵渎。愤怒者中有的是自诩为舞蹈大师的人。相反，《舞蹈》杂志的曹东华先生说："洪信子是一条很大的船，现在这大船要驶来了。"他对我的评价很高。同时，《东亚日报》以《权威舞蹈和传统音乐的又一次成功结合》为题介绍了我的表演内容。朴龙立先生说："自1940年以后，头一次见到了令人震动的独舞。"他也给了我很高的评价，他说的1940年大约是指舞蹈家崔承喜的表演。

后来我才知道，《哀悼》的影响很大。几年前，首尔女子大学哲学系的金教授第一次同我见面时含蓄地说:"这是十七年后我们的第二次见面,你不知道,为了再次见到你,我等了十七年。"当时我有点儿不理解,后来才知道他在1973年就看了《哀悼》在首尔的表演。那时他是首尔大学的二年级学生。看了《哀悼》之后他很受震动,深深感到了死亡的神秘,于是竟然放弃了原来的物理专业转攻哲学,专门研究死亡。"死亡是我的专业。"他大笑着说。从放弃物理学到转学哲学,到如今成为哲学教授,起因竟是舞蹈《哀悼》。我不知是应该感激他,还是应该感到自豪,一时无以作答。

后来我去印度,再之后遇见我的爱人,都与《哀悼》有关。这个作品使我一生的道路发生了转折。

我获得成功后,马上有了名气,无论走到哪儿,都有人认识我,舞蹈演出的规模也越来越大。可是这期间,我心中渐渐有了一个黑洞。我竟不明白,舞蹈对我来说到底是什么。我在纽约表演了两年多,这个黑洞越来越大。我的舞蹈一定要让人们感动,人们已经受到了感动,可还要使他们永远感动吗?我的舞蹈里应该包含什么,如何把这种东西表现出来,对我来说已经模糊不清了。我把握不住自己和自己的表演。我产生了一种恐惧,担心自己以后永远都无法解释那个黑洞了。

对于观众我也产生了一种幻灭感。有时，他们爆发出欢呼与掌声，认为表演博大而精彩。有时，他们对我寄予很高的期望，看了表演之后却又失望地说我是骗子。他们的态度易变，我有些讨厌。这种感觉或许是不管不顾一直猛烈奔跑之后所产生的虚脱感。最开始，我把获得他人承认，取得成功当成目标，全心全意地努力。也许这个目标太容易达到，达到之后再回头看看，竟会感觉到舞蹈是对自己的束缚。这种感觉和过去我在生活中一直存在的疑惑缠绕在一起，让我非常忧郁和难过。

那时候，我在纽约市立大学亨特学院的礼堂观看了伊莎多拉·邓肯舞蹈团表演的舞蹈《三女神》。舞蹈以希腊神话中象征光辉、欢乐、激励的美惠三女神为主题。不需要太多的技巧，也看不出有太多的技巧，年轻的女子们跳着简单的华尔兹。儿时没学过也没看过舞蹈表演的我也曾这么跳过，那时的我不知为何那么高兴，一个人在屋里边无意识地回头望着窗外的天空，然后抬起胳膊，跳简单的华尔兹。现在，看着台上的人们也这样跳，我竟觉得感动，一种从未体会过的巨大的感动。

这真让人吃惊，这么简单这么坦白的舞蹈竟会让人大为感动，一种几乎没什么意义的舞蹈，过了一百年到现在依然保持着新鲜感！我似乎对自己心中的疑惑有了答案，只是还未完全明白。也许全然明白的话，我就不会去印度了。那时只是觉得这么单纯的表演，效果竟会如此显著，让人不可思议。其实，这个舞蹈里有了不起的超越。

《三女神》给我的感动，使我最终成为邓肯舞蹈团的一员。1975年，我在首尔原来表演《哀悼》的剧场表演了邓肯的舞蹈。我想表达我头一次看到她的作品时那种纯然与莫名的感动。可是，韩国观众的反应一如《哀悼》上演时那样，抱着期望而来，满怀失望而去。我安慰自己，我只是想把邓肯舞蹈的最初面貌介绍给韩国。我并没有很失望，因为舞蹈已经离开了我的心。

印度……

请你们原谅，我总是提起印度，印度虽只是我一生中短暂的一段时光，但经历了这个熔炉后，我的人生发生了变化。这三年的时光过得比任何时候都要漫长，与我后来所有经历的总和一样重要。

我选择了去印度求道的路。这是一段生命的总结，也是另一段生命的开始。这个决定似乎突如其来，但其实是一种对呼唤的回答。印度在呼唤我。

在去印度的前一年，1975年，我应印度文化部门的邀请去巡回演出，顺便访问了印度的几处圣地。当时，我下定了决心要研究自己对人生的疑惑。这首先意味着我要离开舞蹈。

我一直把舞蹈视作生命，可这种想法未免过于绝对。选定舞蹈的时候，我以为我一生中最想做的事情，最终要以舞蹈来作答。现在，我要寻找舞蹈之上的一种绝对的东西。我曾主动自由地选择了舞蹈，又这样主动自由地放弃了它。此后不再表演，我也没什么后悔的。我觉得包括我在内的所有舞蹈家都很可怜，我们活在幻想里。

虽然我做出了选择，但舞蹈不是一样东西，决定放弃之后拍拍手就能忘却。最初来到印度的几个月里，舞蹈还在我的体内生存着。一听到什么地方有舞蹈表演，即便搭公共汽车搭得骨头都散架了，我都要去观看。我始终注意哪里有谁表演，表演了什么。我的眼睛和心又开始重新寻找舞蹈了。

偶尔，一种剧烈的来自体内的节律使我入迷。我体会到，人的本能里，除了食欲和性欲之外，还有更强烈的想要动作的欲望。为了跳舞，我时常无法控制自己。在大街上，在汽车里，在饭店里，无论什么场合，我都常常迸发出想要跳舞的冲动，好像身体里有一只活的舞蹈精灵。我觉得这样下去我大概会发疯，也许有一天会不顾场合地跳起来，一发不可收拾，然后被人送到精神病院监禁起来。

一天中午，我路过一家唱片店，听到一种同迪斯科节奏差不多的轻快音乐，我被那音乐吸引，不知不觉走了进去，身体也自然而然地跟着摇摆起来。我本不想跳舞，可身体不由自主地跳起来，精神似乎昏迷不醒，只是本能地依靠节奏摆动身体。过了一会儿，我才突然清醒过来，刚才我在发疯般地跳着舞。啊！我跳舞了。身体的平衡被打破又得到了恢复，有如大梦初醒，我向周围看去，发现人们都在看着我。对面柜台的一位售货员一下下打着拍子，一副兴奋的欣赏之态，商店门外一直到大街上，很多人都看着我。我一下子停住了动作。

你们见过印度人的眼睛吗？见过像牛眼一样大而静谧的眼睛吗？这种眼睛正朝着我忽闪。当我感觉到这些眼睛时，我的身体突然万分紧张。我觉得他们的眼神是在注视一个发了疯的人，过一会儿说不定会有救护车把我送去医院。我收拾起自己散乱的东西，勉强对他们笑笑，慌忙逃走了。可是在我头也不敢回，匆匆穿过马路的时候，却听到一阵掌声从背后传来。

我非常困惑。我是对舞蹈产生了怀疑，才放弃它来印度的，但来到这里后，我又对自己的放弃产生了怀疑。我直觉我无力对抗我深爱的舞蹈，我想再跳。

这时候，我遇到了我的导师。

他是我认识的人当中最伟大的一位。我从 1976 年 7 月开始做他的学生，在我还未正式拜认他之前，听过几回他的讲座，一周之内会参加好几个晚上的集体修习。集体修习时，他也如白天的讲座一样，平静地坐着和人交谈。第一次参加修习的时候，我怀着一颗发抖的心，对他说：

"我是从韩国来的，在纽约当舞蹈家，我对此产生了怀疑，不知现在是放弃它，还是继续跳下去。"

见到仰慕已久的老师，我本想问有关人生以及求道的重大问题，从他那里获得答案。可是他是那样和善又平易近人，那样安详，丝毫没有显现作为智者的巨大力量，我便莫名其妙地把准备好的难题全忘了，只想到这么一件最最挂心的事。

"唔，你是舞蹈家？"

他问我，用非常真诚的眼光看着我。我不敢正视他那光彩照人的眼睛，好像一个有罪的人，把头渐渐低下去，恨不得趴到地毯上。然后，我听到了他的声音：

"你随便做一个动作好吗？"

我感到头昏脑涨，一种无法抗拒的力量在涌动。对我来说，做动作比说话更自由，幸亏他的要求是这个。我一点儿思考能力也没有了。我举起手，很自然地由手、胳膊、肩膀到胸，直至全身都慢慢摇动起来。

只听他长长出了一口气，说道：

"很好。你不要放弃舞蹈。我不是要看你的胳膊和腿是否美丽，也不是要看你动作是否优美。我只是要看你跳舞时是否能够忘我。你是天生的舞蹈家，绝对不能放弃舞蹈，继续去跳吧。对你来说，舞蹈便是求道之路，你会通过跳舞得到超脱。"

原来他也喜欢舞蹈。他认为所有的艺术中最纯粹的就是舞蹈。尽管他说得简单，却给了我很大的警醒。

所有的舞蹈动作都只发生在跳的那一刹那，然后便立刻消失。舞蹈是可视的，而舞蹈者是隐蔽的。观众的灵魂能感应到舞蹈，但舞过之后便毫无痕迹可循。所以我不能做主舞蹈就是我的；如果我来做主，那么在做主之前它就不会存在。

从这时开始，我被允许每天都去参加集体修习。这是对我的优待，因为参加集体修习的机会难得，且未被正式收作徒弟的人一星期只能去一次。为了参加集体修习，能在老师面前跳舞，我没日没夜地准备，我想用舞蹈表达自己的感激之情。包括我的导师在内，在场有十几个观众。不，他们并非观众。

我跳舞的时候，他便为我的舞蹈吹笛子伴奏。我的双手沉重而缓慢地抬起来，头向地面低下去，这是表示对老师完全折服的肢体语言。虽然我的舞蹈时间很短，顶多十分钟，可我无法忘记自己如何为了那十分钟真心诚意地准备。我的舌头表达不出，我的舞蹈却知道我心中深潜的意识流。我的舞蹈将我的全部，我的现在和未来，全都呈现出来了。以前我跳舞的时候常常意识到观众的存在，可是此时，我的意识里没有观众，也没有我。

舞蹈结束后，导师看着我，表情深奥地发出一声"嗯"：

"你该来浦那，这里有非常优秀的音乐和舞蹈老师。如果你想继续跳舞，我愿意你在这里学习，做我的学生。"

要做他的学生意味着要抛掉所有世俗杂念。犹豫了几天，我终于还是决定了。那是 1976 年 7 月 26 日。那一天，他给我取了一个名字 Ma Purem Batya，并定下戒律。Purem 是"爱"的意思，Batya 是"旋风"的意思。他朗读亲手为我写下的戒律，那幽深的声音令我终生难忘。

"……你一定要在彻底死亡之后，再复活。你要铭记爱的旋风，生活的力量指引着你跟它走。

"你要唱歌吗？可是你不要用歌声只表达你自己，生活中自然洋溢着的力量要你用歌声表达出来。你要跳舞吗？可是你不要用舞蹈只表达你自己，生活中自然洋溢着的力量要通过你用舞蹈表达出来。这就是真正的信仰之路，同时也是求道者的态度。这也是生活中最充实的内容，因此你才存在于这永恒的世界之中。

"旋风这一自然之力，会指引你去往何方，谁也不知道。从现在开始，你的动作转变为纯粹的动作，无所谓目的，只有纯粹的神祇和纯粹的力量……"

我激动地听着，感到他的语言慢慢流入意识，变为身体的一部分。之后我开始重新思考舞蹈的含意。他关于舞蹈的伟大见解令我警醒。我想放弃舞蹈却仍在继续跳着，其实我并不了解舞蹈为何物。如今我开始清醒。

我观看过很多种舞蹈，包括自己的舞蹈在内，其中一些令人深深感动，也有一些只是让人感到不快。对它们的划分标准，就是有没有自我。我想我的领悟很准。

舞蹈不是为了证明什么和提出什么而产生的，舞蹈也不是为了夸耀后背优美的曲线或展示高超的技巧与动作。如果跳舞者想要展示自己的意志越来越强，人们就看不到舞蹈了，看到的只是舞蹈者的身体。他说：我在这儿，你们看我——这样的舞蹈使观众不舒服，因为这并非纯粹的舞蹈。

我深知一个舞蹈作品的成功演出需要艰苦的努力以及各方良好的配合。不仅身体要拼命做适应的锻炼，同时每个表演者都要达到呼吸一致。灯光、服装、音乐、设备等各方面要协调统一，免不了会出现种种问题，因而表演前一两天的最后排练就如同打仗一样，舞台紧张得如同激烈的战场。相比准备阶段种种艰苦的努力，舞台上表演的时间实在太短暂了。为了这么短暂的表演，需要付出如此大的代价。如果出现在转瞬即逝的舞台上的，只有舞蹈者本人，而不是本应表现的舞蹈本身，那么众人辛苦的意义又何在呢？

我想，从现在开始，我的舞蹈一定得是完全"无我"的。不要意识到观众，不要意识到自己。只有纯粹的力量的潮流，它带动身体，留下永远的节拍。无我的状态是人能体验到的最大的自由状态。舞蹈提供了达到这种自由状态的道路。舞蹈者之间无言流淌着的感动，是一种为了交流的感情，它源于放弃自我后自由的喜悦。

重新思考之后，我看到一股波涛般的力量一下子向我袭来，然后又退开，一种能量四处扩散，就是我的舞蹈。我的身体随着这力量一道摆动着，我听到了舞蹈的声音，是通过我身体发出的美如神的声音。我的自我已经消失，只留下神的声音。我的双臂抬起来，可这并非因我的意欲，我已不统治我的动作，我已吸引神来统治我的动作。神进到我体内了，我是神之替身。神的声音散布到很远的地方，好像风，好像波浪，了无痕迹地四散开来。舞者遁形，唯有舞蹈留下。在对时间和空间进行超越的瞬间，岂不就是神的瞬间？

为了吸引神，首先要使自我死掉。我的屋子太窄小，所以神与自我不能同住。在跟随导师修习的两年，就是学习破坏自我并使之死掉的两年，若它什么时候再复活，便让它再死掉。我求道的中心是舞蹈。导师曾这样对我说：

"舞蹈的神秘，舞蹈的纯粹，舞蹈的自由，这就是你的路。"

我一直在这条路上走着。为了继续走下去，并且走得更好，我选择了离开。此后，我遇到了另一位老师尼萨迦达塔·马哈拉吉。他使我彻底醒悟，明白了人生的本质如泡沫幻影。因而无论怎样，如果能感到自己是永恒的巨大生命的一部分，就该顺乎自然，就该去外面的世界，做什么都可以。尼萨迦达塔·马哈拉吉鞭策了我的精神。印度，在印度的老师和在印度的我，都回答了我亟待解决的人生奥秘。揣上这宝贵的答案，1979 年我再度返回纽约。无限度的苦行使我的身体患了病，几乎无法行走，可是，我知道我的灵魂比以往更纯粹了。

从印度回来那年，纽约正好有伊莎多拉·邓肯的最后一位义女特里萨·邓肯的表演。她已是八十三岁高龄。她开始表演时，我心里很难过。她的身体已经衰老，动作已经走样。她的脸颊、胳膊乃至整个身体都很瘦，皱纹又深又多。但她的舞蹈使我看出，她已将其当作一生的救世主。舞蹈是她一生的信仰。

　　她埋着头，缓缓地抬起胳膊，慢慢地移动脚步。时间和她的动作一起流逝着，她老迈的身体消失了，只剩下优美的舞蹈。我渐渐入迷并且陶醉了。

　　舞蹈结束后，我去后台找她，也如以前那些不相识的人一样，我无言地拥抱她。这时我分明感到我们之间有一种东西在流动，虽然只有很短的一瞬，可是它已经成为永恒。特里萨·邓肯是以前教过我的舞蹈老师。她八岁那年，被伊莎多拉·邓肯选作义女，二十年后才能回家。她一生都在邓肯的舞蹈与灵魂里活着。当我们相互端详时，她对我说：

　　"我想去你们的国家跳邓肯的舞蹈，还想去中国跳。我想在死之前，再去一些世界上的其他地方。我想传播邓肯伟大的艺术，虽然我的时间已经不多了。"

　　说着，她不禁落了泪，湿润的眼睛像少女的眼睛那样晶莹闪动着。

"当然可以，你一定能实现的。"

我安慰她，也的确这样相信。后来又有很多人来找她，她忽闪着一双大眼睛，兴奋地拥抱他们。看到此种情景，我坐回了自己的座位。热闹的气氛已经消失，在空荡无人的观众席中看着黑暗的舞台，我静静地坐了许久。

不论风霜雨雪，她总是想跳舞，这是达到了心向往之的至高境界……对我来说，舞蹈也已成为我的信仰，我怀着求道之心回到舞蹈世界的中心，我没理由等到八十岁那天，也没理由害怕那天。假若那一天到来的话，我仍会如此纯粹地跳舞。人生说长也长，说短也短……以前我曾有过一段傲视它的时期，以为只有我的舞蹈才是真的舞蹈，现在回想起来，不禁有些难为情。

"怎么，你喜欢这地方？那你想要和我换换工作吗？"

我突然听到有人说话，回头一看，一位上了年纪的剧场守门人，手里正哗啦啦朝我晃动着钥匙。大概是我坐的时间太长太长，超过了人家的限度。我没有说话，默默离开了剧场。此时已是深夜了。

我对舞蹈的态度完全变了。我终于和舞蹈自由地正面接触了。我的意识是坚定的，不会再有怀疑与矛盾。如果跳舞时我的自我能够消退，我便进入了神怡的境界，那么看我舞蹈的人，他们的自我也能因此消退。那时，我们便达到了真正的沟通，生活中无法达到的至高境界，我们以此进入并得以交流。

为此，我要忘我、忘掉观众，最终忘掉舞蹈。这里最难的是忘掉观众。但我再也没有对舞蹈与观众的重重疑惑与矛盾了。

我所有的舞蹈作品最终都是要表达到达自由的瞬间以及情态。众多作品中，最能表达此种意象的大约是 1984 年表演的《螺旋姿态》（*Spiral Stance*）。这是我觉得完成度比较高的一个独舞作品，它曾使一位正在修道院专心致志修行的修女弃道从舞。

在黑暗笼罩的舞台上，我用左臂将一只骷髅珍重地拥在温热的胸膛里。乍一看，这只是个形象，然而其内里有很细微的动作。我的身体好像自脚底生了根，在地毯上牢牢地伫立着，然后，慢慢地，慢慢地，身体划出弧圈，摇动着骷髅，好像温暖的春风吹拂着花儿。我的右臂向身体的反方向划着弧圈，指尖敏捷地舞动着。这些动作象征着诞生和死亡，以及永恒的生命以极简单的方式运行和轮回，继而无限，因此其意义又不仅是诞生和死亡。这是表现生与死都不可能给人以束缚的自由独舞。

对此有人会说："这也算舞蹈吗？"我也确实听到了责

难："作为一个舞蹈大家，就那样没有变化地站着，这算什么舞蹈。"可是，假如你研究过生或者死，以及与其相关的问题，即使你完全不知舞蹈为何物，也会受到感动。《螺旋姿态》即属于这种舞蹈，它能否被理解取决于接受者的认知体验。

那位年轻的修女就是从来也不知舞蹈为何物的人。表演结束之后，她找到我说：

"你知道我感到了什么吗？"

她首先感到了死亡，然后，看着那简单的造型动作，感到有一种大的变化将要爆发。于是她忐忑不安地等待结果出现，然而舞蹈没有变化就结束了。

"但爆炸一样的大变化已经在我的心里产生了。人们称你为求道的舞蹈家，我感到用舞蹈真的可以求道。"

这位修女长得很漂亮。她虔诚，学识丰富，也是一个求道者。她想和我多聊一会儿，我也想，可表演之后我还有很多复杂的事情要处理，于是便告诉她我的电话号码，约定下次再见。

几天之后，她打电话给我，我们再次见面了。她想探问我的过去。

"我现在二十七岁。看了您的舞蹈，我醒悟了。用舞蹈也是可以求道的。我很想跳舞，但我已经二十七岁了，还能开始吗？"

"当然可以。"我回答得很干脆，"你跳舞不是为了挣钱，不是为了求生，而是为了求道。那么，不论二十七岁，还是四十七岁，都为时不晚。"

于是她下了决心，不久便脱下了修女服，开始学习跳舞。退出修道院不是因为她的信仰有所改变，而是她觉得不能同时做好两件事。比起沉闷的修女生活，她更愿意通过舞蹈行走在求道之路上。我不由觉得，人们的命运似乎是被谁安排好的。

如果不但想以舞蹈来求道，还希望当舞蹈家，年龄也并非最主要的障碍。人要做什么事情，没有谁规定什么时间合适。想要学什么，任何时候都可以开始。我自己不也是在年近三十的时候才开始学习舞蹈的吗？登台表演时已经过了三十，在人们普遍认为为时过晚的三十六岁去了印度。四十多岁结了婚，生了女儿。不过比我更厉害的人也有不少。20世纪70年代初，有位七十五岁的日本舞蹈家到纽约 La MaMa 剧场[1] 表演，一举登上世界舞台。我曾为韩国

1　La MaMa 剧场是美国实验戏剧的圣地，专门为艺术家们提供实验性先锋表演的舞台。

的《舞蹈杂志》采访过他，那时他已经八十多岁了，还是一直很活跃。他上高中时，巴西著名的女舞蹈家艾珍蒂娜到日本表演，他看了她的舞蹈之后心醉了，然后就一个人悄悄地自学舞蹈，一面又当老师，晚年终于能够演出自己的作品。七十五岁，他才正式成为舞蹈家。他终于成功了。这就是人生，人们由他可以想到人生的所谓进程。

为了求道或者表演，任何人都可以跳舞。我希望不论是在家里，还是在外面，无论是一个人，还是许多人，大家都来跳舞。跳起舞来，心情会舒畅，心情舒畅了，才会给自己和别人留有充分享受的余地。还有，跳舞不是用脑子来跳，所以人们能够感到自我的消失，进入一种沉醉的状态，只留下动作上的新鲜感与自由感。一旦通过跳舞面对了自我，这时对很多东西的感觉都与以往不一样了。

无论何时，无论何处，我都爱跳舞。可是唯一不能随心所欲跳舞的地方却是韩国。中国史书上有过记载，古代的韩国人一旦聚会便唱歌跳舞。我们国家曾经有过这样的传统，从什么时候开始被强硬地扭曲了呢？回到韩国时，我总感到在不知不觉中被环境统治着，也变得僵硬了。我迫切地感到，我没有完全自由地生活。我对年轻人有一种奇怪的感觉，他们跳起舞来就像是被禁锢在严格控制的方位中，这种沉重的束缚身体的空气太使人憋闷了。

完全没有理由轻视身体自由的动作。如果轻视，舞蹈就会越来越颓废。我真想呼吁：舞蹈是神圣的！将来，我想让韩国成为能和许多人一起自由自在跳舞的地方。

一回到自然里，我的身体就从那种沉闷的空气中解放了出来。在美国东部，有一座美丽的岛屿，夜里的涛声非常特别。如果你在夜间的沙滩上散步，或躺或坐，静静听那海的声音，好像很快地涌起来，又很快地消失了，伴着海浪的声音你会感到自己并非一个特别的存在。我在夜间常常思考这些问题。要是能在经常听见波浪之声的地方入睡和生活该多好！

那里有一个夏季舞蹈节。每年夏天，舞蹈家们就要召开以吃饭、睡觉、练舞、创作为主要内容的大会。作为舞蹈的编导家，我曾被邀请去过几次。

那里有个很有意思的规定，一到规定时间，不管你在做什么都要放下手上的事情去跳舞。不过我很特别，一天二十四小时，所有的活动我几乎都会带着舞蹈去做。因为那里的大自然让我得到了全部的解放。在那儿见到的舞蹈家戴安娜说：

"如果我是个有钱人，我就把你买下来带回家，看着你整天跳舞的样子生活。"

多亏她并不很有钱。从前有个人，想要把我当作一个很小的娃娃放在口袋里，想起来就拿出来看看……

和在美国东部那座美丽的岛屿一样，在夏威夷我也能解放自己。不管何时，都能到波浪作响的地方去，这样的时刻再短我也不想放弃。

在海边一角，你能看到几十米高的巨大的水蒸气柱支撑着天空。地底喷出来的灼热岩浆和冰冷的海水相遇之后，形成了巨大的水蒸气柱，直刺天空。一靠近那儿，你就会感到大地的兴奋，和像雾气一般磅礴的大海那强烈到凶猛的呼吸。我多想再一次在满月升起的夜里踏着黑亮的沙滩唱歌跳舞。我已经表演过许多次了，我最终的舞台，该是大自然吧。

자유를
위한 변명

独自
生活

． ． ． ． ．

我平时常常一个人二十四小时待在森林里，这并不令我感到寂寞和害怕。相反，我对这种处境感到很幸福。

我决定给纽约的海勒打电话。他是一个作曲家，同时也制作唱片。我曾和他约好一起录音，录我特别的声音。可是现在，我想拖延几天再离开森林。因为再过几天，就是农历十五了。我想到海滩上观赏月亮。我觉得同赏月相比，录音是不用急的。我常常过着流动的生活，赶上在海边看十五的月亮是很难得的，而且洛布桑·塔什已经打了电话来约我一同去。

　　我平时常常一个人二十四小时待在森林里，这并不令我感到寂寞和害怕。相反，我对这种处境感到很幸福。流泻的阳光，一日数次的雨，鸟的鸣叫，风，还有我身边那永远的绿色森林，它们都不妨碍我的独居。

　　塔什是一个金头发、蓝眼睛的男人，三十多岁。我不了解他的历史，可还是和他做了朋友。塔什十四年前来到这个岛，住在菲律宾移民们居住的渔村里。他和我一样算得上是流浪者，时常去欧洲做一些艺术活动。但我看得出，他更主要的事是劝诫人们做某种冥想。他在这个岛的时间和我一样不固定，一年里逗留三四个月。因而我们见面的机会很少，也没有必要约定。可是现在他给我来了电话：

"信子，我预感到你来这儿了！"

"哇，你也来了吗？"

"我马上就过去，等着我！"

嘟嘟嘟——前院传来了汽车喇叭声。我向窗外望去，一辆小汽车进来了。我看到了他那金色的头发。我开门走出去，向他张开双臂，他也下了车张开双臂向我走来。很奇怪，每回看到他，我总感觉他是这世界上很独特的一种人，没有男女的区别。我头一次见到他时，便觉得他好像一个儿童，一个天使。有一次我和他一起去岛上的日光浴场，光着身体待了半天都没意识到他是男性。

我们亲切地拥抱，然后开始聊天。他刚刚游完泳回来，脸颊晒得通红，闪闪发亮。他是几天前刚刚回到这儿的。

"真巧，我正打算这几天离开。"

"又有表演了吗？日子定下了？"

我告诉他表演的日子。他听了，把随身带来的手册拿出来，在地毯上铺开星座图，看一看年历表，便开始向我说明这个时候是什么星座影响着的时期，所以该如何如何和人们处好关系……他对星象学造诣很深。他一味热情地说着，我却并不理解，只马马虎虎地听着，催他快下结论。

"也好，也不好。虽然表演可以成功，但却挣不到什么钱。"

我哈哈大笑。塔什是问星星才知道这个，我却是早就知道了的。我对他开玩笑：

"好了，快给我算个相反的日子嘛，要快！"

我们从闲聊转为谈艺术，谈性，谈冥想。然后，我们一起来到练舞厅。他经常借我的练舞厅作为他冥想的场所。我们的不同在于，他是坐着冥想，我则是发着声音来冥想。

洛布桑·塔什，这奇特的名字并不是他的本名。他的本名我听过之后便忘到了脑后。洛布桑·塔什这个名字是一个从西藏来的喇嘛给他取的。喇嘛教他西藏的佛经和冥想，学过之后，他就变成了现在的样子。

他知晓了求道以及冥想的世界。1984年我在这里表演，他被我吸引，从那时起我们成了朋友。

我结束了发声式的冥想，他也从坐式冥想中醒了过来。我对他说：

"塔什，农历十五的时候，到黑沙滩去吧！"

"只要不是星期四。"

每个星期四，他都不接电话，要拉上窗帘坐着冥想一整天。这一天他不吃饭，只喝水。我不知道他是从什么时候开始这样的。显然这是他一直以来的生活。好在农历十五不是星期四。

海边，天慢慢地黑了，风掠过椰树林，送来悄然的声音。远处巨大的银色水蒸气柱向着天际一刺一刺地往上冲，黑暗的天空好像就靠那水蒸气柱支撑似的。我站在黑色沙滩上，一时被那哗哗的声响迷住了。塔什从汽车里拽出睡袋。我向着黑色的大海唱起了歌。我的歌没有歌词，就好像是全身在痉挛地发着呼声，然而却与大海十分和谐。歌声与波浪声相互搏斗着，然后又互相退让开，飘荡着，消散在风中。

一轮圆月升起来了，神秘的银色水蒸气柱更加有力地向上涌着。我光着脚在黑沙滩上跳舞。那是身体产生了强烈的跳舞的愿望。大概要跳上很长时间。我不担心塔什这会儿是否感到无聊。我邀请他来海边，并不因此有什么负担。在大自然当中他有他要做的事情。这就好像那闪闪发光的黑沙滩一样，好像那轮月亮以及那些波浪一样。他会有他所思所想的。我们共同待在这里，互不妨碍，我只要跳好我的舞蹈。

哦，大海，我极度憧憬的大海，正不断地滚滚而来，月光在上面运载着宇宙的音乐，直到我的双脚感受到了沙滩中的湿气，我才明白我的舞蹈已告结束，脱离时间的意识又开始进入了时间。而那一边，塔什将两只睡袋铺开之后，人好像石像一样坐着，默默无言地凝视着大海。我走过去坐在我的睡袋上。

塔什在盯着水蒸气柱，我对他说：

"你去过那里吗？"

"当然，我还摸过那水蒸气柱。"

我在前面说过，水蒸气柱是很热的岩浆喷发之后遇到很冷的海水形成的。要接近它，就要走过很宽的岩浆岩。在那儿，会看到"有危险"的指示牌，警告人们不要过去。指示牌不仅用文字，还用画来说明。站在岩浆岩上，感觉脚下的土地是坚硬的，但在不到十几米的地下，地壳内的岩浆在沸腾，上面的岩浆岩不过是一层不安定的壳。如果脚下的岩浆岩像河上的冰面一样裂开，逗留其上的人就危险了。

我在很近的地方看过几回水蒸气柱。一旦越过了那危险的指示牌，便真真切切感到了生与死。在熔岩裂缝处，硫黄粉如同烟尘一样堆烘着；把手伸向裂缝，立刻就能感觉到从地下散发出的很热很热的热气。

靠近水蒸气柱，发现它就像云一样，刚刚升上来的水蒸气凝结以后，像雨一样泻下来。好几次我站在下面，面颊被它们润湿了，默默无言地看着……

我和塔什聊起这个美丽的岛以及我们的流浪人生。我们陶醉在月光和星光里，陶醉在南国的熏风里，陶醉在波浪声中，忘记了时间。不知过了多久，我们不知不觉睡着了。第二天早上，我们一起迎接大海上新鲜的太阳。

然后，塔什和以前一样，在我回到森林时便不打招呼地消失了。他绝不破坏我独自生活的秩序。他像风一样，来得快也去得远。

我时常看到，有人为独自生活感到害怕，不能接受这种一个人的生活，他们的病症是孤独。尤其在纽约，我能常常见到这样的人。我的朋友里也不乏这种人。比如有个留学生是搞绘画的，他忍受不了孤独，于是身体越来越消瘦。他每天晚上回到公寓时，明明知道家里无人，按响门铃之后，还要喊爱人的名字，喊完之后才进去，进去又面对墙壁喃喃自语当天所发生的事情，否则就无法入睡。他还常常开着电视过夜。

还有一位韩国朋友，他以前一直想到美国旅游。当一家报社提供给他去美国出差的机会时，他的心情很激动，几天都没有睡好觉。而当他坐上飞机后，便开始想念妻子和孩子。飞机向着美国飞，他的心却留在韩国。到美国之后他便想乘下一班飞机回国，但不可能了，报社安排的活动要好几天。他觉得难过极了，睡不好觉，心想美国就是天国他也不愿再来了。

"我不是一个格外爱妻子的人，也不是一个常常想孩子的人，可是，现在这是怎么了？"

他这么问自己。他接受不了孤独。一星期之后，他就回国了。

这种人很多。我偶然碰到过一个老奶奶，还同她做了朋友。我觉得她是其中很特别的一个。

生下孩子三个月后，我抱着孩子乘公共汽车，在车上碰到了一位八十多岁的老奶奶。她年纪虽然大了，但还是很漂亮，我因此不停地端详她，她也不时地看我。终于，我们俩视线交汇，又凑巧在同一站下车。老奶奶邀请我去咖啡馆，我们边喝咖啡，她边对我讲了她的人生经历。她是个影视明星，经常上电视，也演过很多电影，虽然年已八十仍不愿放弃明星生活，现在还在寻找合适的角色。介绍完自己，她问我：

"你为什么总是看我？"

"你很美。你为什么也看我？"

"我看你也很美。"

我们说完都哈哈大笑起来，约定好再次见面的时间后就各自分开了。

几天后，她邀请我们去她家做客。她独自住在一个很幽静的公寓里。她给我看了很多照片。我了解到她的人生经历堪称辉煌，不过也多少有些夸张。她说她想成为宣传员，她愿意在电视上宣传我。

她对我很关心，常常邀请我吃饭。一旦我有表演，她便带很大一瓶香槟酒来我这里。这样的关系持续了一年，后来我便感到无暇顾及了。一方面因为我太忙，另一方面因为每次见面她都千篇一律地诉说她辉煌的过去，让人有些无奈。

一天早晨，她又来了电话，声音很急促：

"我有要事跟你说，我想见你。我还能再活多久呢？你快点儿来吧！"

我希望她告诉我发生了什么事，因为我一天里要做的事情太多了。她却不回答，只是一再地说有很重要的事儿。我很纳闷，挂了电话把事情跟丈夫一说，他问：

"这位老太太很有钱吗？"

"看起来不穷，你问这个干什么？"

"快去吧，也许老太太预感到死亡，要给你留遗产呢！"

丈夫是在开玩笑。不过这在美国也并非没有可能。但即使没有可能，我也得去。我一边换上出门的衣服，也一边跟他开玩笑：

"我这就回来，如果咱们有了钱，就研究研究怎么花。"

"还研究什么，如果有钱的话，先把孩子接回来。"

他这么一说，我顿时哑口无言。几个月以前，我们把孩子送回了韩国的奶奶家。我们的境况有些窘困，搞抽象派绘画的丈夫和跳前卫舞蹈的我都没有固定收入，而且此时我正在哥伦比亚大学读博士。一边学习一边表演，不打工的话连最基本的生活也难以维持。由于这种情况，我们迫不得已将孩子送到了奶奶那儿。

一心想着我们的境况，我不由自主地加快脚步赶到了老太太家。可是见面之后，她并没有什么异常，仍如往日一样，不断地讲她过去的辉煌经历。然后吃午饭，又喝茶，我几番问她发生了什么，她却始终晃晃头，莫名地笑笑。到了下午，她从抽屉里取出一个东西给我看：

"瞧，我昨天买了这个，中奖率是百分之九十。"

天啊！彩票——我啼笑皆非。不管中奖的可能性有多大，都让我在这里耗了一整天，真让人无可奈何。

"你不以为然？如果中了奖，我们会有很多钱。我们就可以一起去韩国把孩子接来。"

她很认真地说。从她认真的眼神里，我看到了她强烈的孤独感。一时间，我理解了她。她的病根是孤独。她能依靠的只有过去辉煌的历史，于是对我反复讲，反复需要我的在场来确认她的存在。这些都是孤独导致的。

她希望我常来，可我没有太多时间，所以她才琢磨出了彩票，以为我能被吸引，并以此约定开彩时再见。虽然她曾经很辉煌，可如今那瘦削孤独的样子让我怜悯，那不择手段想要抓紧我的固执样子也令我害怕，我不由感到脊背有些发凉。

　　深陷孤独的人常令人难过。我知道，我无法帮助她。她的心病只能她自己治。我只能给她一时的安慰，使她暂时远离孤独，但这并不是解决问题的根本办法。

　　我知道，必须让她完全处于一个人独立的状态中。我能起到的帮助只有这个。但那天已经很晚了，我只能放松心情跟她一起玩儿，谈及她以往的辉煌，倾听她所有的故事。直到深夜，我们互相拥抱道别。此后我再也未去见她。

　　已经过去十年了，她现在也许已经不在人世。人们可能会觉得我那时的态度很冷漠，但我觉得并没有错。

　　回想过去，我总是一个人生活，但并没有孤独到无法忍耐的地步。这大约是我天生就对孤独有抵抗力，也或许是因为太忙而没有感觉。当然，孤独的瞬间是有的。

　　童年时代，我有很多朋友，几乎没有独自待着的时间。家里人也多，不会有一个人的时刻。上了大学，我和住在首尔的哥哥同住，因此也没有产生孤独的机会。然而，最初到美国的时候，情形就很不同了。

1966 年 6 月的一天，我要乘飞机到美国去，全家人都送我到机场。实际上我去美国的事是此前一两天才披露的，所以大家都很吃惊。

那时拿到去美国的签证很不容易。要参加留学资格考试、面试、提交经济担保书、找担保人等等，要求要比现在多很多。从提出申请到拿到签证，怎么也得三年时间，成或者不成都说不准，所以我一直也不好提早告诉大家。

两天之前，我突然把我的决定告诉了父母亲，他们都不大相信。到机场后，他们又担忧又不满：

"从没见过一个去了美国以后过得好的人。"

"年纪也不小了，还是出嫁最好，现在这算怎么回事？"

"现在改主意还来得及！"

那个时候，我感觉到了我的孤独。我是出去寻找自由的，我心中有太多的向往，无法与他们共享。我深知无论我怎样解释，他们也不会理解我，所以只有闭口不谈。我还记得他们后来试图让我改变主意：

"你不知道坐飞机总有危险吗？"

是的，我有些担心，担心飞机会发生爆炸。但我不会改变。

飞机飞到美国需要三天时间。因为那时还没有直达的航线，要先飞到日本，然后第二天换乘另一架飞机到檀香山，然后再换一次飞机。

虽然家人的话让人泄气，但我还是对接下来三天两夜的行程充满了期待。随着飞机起飞，渐渐地，希望和抱负都隐藏起来，最后只剩下了恐惧。

中途在日本换机时，我与一个人约好了见面。那是我初中时代常常思念喜欢的一个男人。他正在日本留学。我给他写了一封信。小时候，我并没同他搭过话，现在觉得能和他共同占有一个陌生的所在是很好的事，因而有了勇气主动邀请他见面。

这次会面，虽然我期待了很长时间，但还是以陌生的感觉结束了。那天晚上我们一直谈到很晚，尽是同村比邻而居的男孩女孩之类的闲聊，并没有什么内容。第二天，也只是同他一起在东京市内转了转，感觉和前天一样无聊。最终我和他连手都没有拉过。到了纽约之后，我给他写了很长一封信，他没有回复，事情便结束了。

曾经很长一段时间里，他都占据着我的脑海。去美国的路是令人惋惜的路，因为我从空间上暂时靠近他又永远离开了他。现在写到他我非常心平气和，可当时我难过了很久。好长一段时间，他始终不能从我心中离去，并且经常出现在我的梦里。有时候，我真想立刻见到他，把我从前怀有的全部情感告诉他，这种热切的希望就像一团燃烧着的火。可是这一切不过是我自己的幻想。

飞机在漆黑的夜空中飞行。我感觉它正朝着无边的旷野、广袤的沙漠飞去。我实实在在地感觉到对于纽约我毫无准备。唯一可以依靠的线索是从前去留学的朋友的电话号码。我将被丢弃在纽约，要去向何方，干什么去，我并不清楚，只有万分的害怕。我反复检查写有朋友的电话号码本还在不在。身旁的一位黑人不时瞟着我。他刚刚结束在韩国的军役正在回家途中。

离开韩国前，我写信给朋友，让她帮我找个住处，她回信说她会来机场接我。然而距离肯尼迪机场越来越近时，我却不安起来。假若她不来接我怎么办？如果我们碰不上怎么办？随着这不安感的越发扩大，刚才还觉得讨厌的黑人士兵，现在倒成了可以依靠的对象了。我是只身去异国的二十六岁的姑娘，他是一个军人、一个男人。我虽怕他，可又觉得在意外情况下，我可以向他求救。于是我主动和他搭话，假作亲密。他在韩国当兵的经历成为我们沟通的纽带。

黎明时分，飞机到达肯尼迪机场。下飞机时，我留心和黑人的距离尽可能别太远，好像盯梢似的，取行李时也紧紧盯着他生怕他消失。我一面注视着他的背影，一面向约定的候机室走去。担心终于成了事实，我的朋友没来接我，我慌了神。

我踮着脚留心黑人离去的方向，同时急急忙忙给朋友打电话。她正在房间里睡大觉呢，听声音她还没睡醒：

"现在还不到早晨呢，我要睡觉。"

她说她不能来机场了，告诉我如何去找我的住处。我想她总算醒过来了。我一边听她说，一边急急忙忙做记录，但对自己一个人去还是没有信心。我很快挂断电话，去追那个黑人士兵。我用不太流利的英语告诉他我要去的地方，并讲了我的困难。他莫名其妙朝我微笑，那一刻我有点怀疑我是不是找错人了。

"我要去的那地方有公共汽车，你就跟我走吧！"

显然他是为了使我放心才面带微笑，可是我的疑心反而大起来，越来越不安了。我想这里肯定就有公共汽车，他为什么要我跟他走呢？可是我的英语不太熟练，不能再问他。我多像一个进城的乡下人，又呆又多心。身材高大的他没有顾及我拿着行李，大步地在前面走，我只好拖着硕大的提包跟上他。我的身体渐渐发紧，脚下却越来越没劲儿了，我感觉自己是那么渺小。

坐在公共汽车上，我的脑子里闪过各种各样的念头。

之后，到达了他的目的地。那里很杂乱，全是黑人。我的心在发抖，仿佛有谁在我耳边高声说句话便会使我受到惊吓而昏倒。

离我要乘的公共汽车的开车时间还早，他也不提早给我指明车站，告诉我从哪儿上车，便要我随他去家里休息一下。我有点儿犹豫，站着不肯动，他便不理睬我先走了。我想，不管怎么说他现在还不是我的敌人，什么时候他要是变成了我的敌人我就立刻逃跑。我忐忑不安地和他拉开距离，跟在他后面。

过了一会儿，他敲了敲一间屋子的门，门开了，里面走出一位五十多岁的黑人妇女。他扔掉皮包，像个孩子似的喊："妈妈！"他们紧紧拥抱在一起。看到这个情景，我的紧张感顿时消失了，全身一放松，感觉无力极了。他妈妈给我倒了一杯茶。我感到内疚，我不应该怀疑黑人士兵。

虽然最终我确认了黑人士兵的善良，但那天早上的念头依然纷纷扰扰。现在回想起来，一个人身处异地感到的自卑、畏怯，对一切都毫无把握的恐慌无助仍历历在目。

黑人士兵告诉我该坐哪辆汽车，我上去之后就能直达目的地。朋友帮我订好的住处是供外来旅行者的临时居住地，可以容纳很多人，类似学校里的学生宿舍。我收拾了一下便出去吃饭。

因为初来乍到，我尽量学着别人行动，动作显得十分不自然。给我端来食物的黑人厨师双臂抱胸看着我，好像在说："唔，黄种人，我倒要看看你吃东西的野蛮相。"

碰到他那样的目光，我的动作显得更不自然了。我一味地吃，但并不知道吃的是什么，心里只觉得尴尬和难堪。我在这个地方住了几个月，一到吃饭时间，心里就暗暗难过。

如果是现在，不管别人怎么看着我，我都会大大方方随心所欲，不够吃再去要。可那时候我很害羞，感觉到处都是挑剔的眼睛，心中一阵阵惧怕。当时是 1966 年，现在韩国人去哪里也不会低人一等，尽管大大方方地做事。可当时不行，不仅吃饭如此，生活中的方方面面都需要小心翼翼，麻烦到处都是。

从头至尾所有的事都要我独自解决。我猜想比我早来的那个朋友肯定是怕我依赖她才躲开我的。我有点儿垮掉了的感觉。几天过后，她找到我，给我讲了在美国生活要注意的种种状况，就像一个公共机关里的职员例行公事做介绍。

"我有我的生活，非常忙，我和你妈妈一样一点儿忙也帮不上。"

说罢她迅速走了。我能理解，她一边打工一边学习，确实很忙。可对于无依无靠的我来说，她真是太冷淡了。每天我都会遇到一些难办的事，让人筋疲力尽。不过话又说回来，她的冷淡对我来说也有好处，大大缩短了我适应美国生活的时间。

一个人面对生活——这是无法逃避的。

有一天，我发现肛门突然出血了，在厕所时流得更凶。看着马桶里红红的血，我心里又难过又害怕，哭了好几次。可我没有倾诉的对象，只能烦闷地隐忍着。

这种症状持续了好几天，我几乎快要死了。要死的并非身体，而是我的精神。我的意志薄弱极了，再顾不得羞耻，鼓起勇气跟一位看上去人很好的舍友说了我流血的事。由于我的英语并不流利，用动作和表情来表达意思也很困难。但当我以极困难的语言和手势告诉了她我的困境，她以及她周围的人竟然毫无反应，他们看上去好像在听一个陌生人胡言乱语。

独自一人，我多么孤独。

晚上，我躺在床上，面带愁容望着屋顶。后来，一个看上去三十多岁的漂亮女人来找我。她关心了我几句，便带我去了医院。

我在急救室里待了一夜，看着值班医生急急忙忙地走来走去，心中凄然。我还有许多想要做的事，我才刚克服了千重障碍来到美国，现在一件事都还没做，就要这么死掉吗……我伤心地落下了眼泪。

第二天，医生给了我一袋药，什么也没说就让我走了。我的病没什么大不了的，吃过药几天就好了。病好得如此轻易，让我的担心显得很多余。可是，我从中收获的经验却并不简单。我至今都不明白为什么出血，也许是一个人压力太大，太紧张了。

此后我感到，不交朋友就无法面对这孤零零的生活。从此我努力和宿舍内看起来心肠好的人交朋友。于是我结识了一个叫吉妮的五十多岁的女人。

吉妮有些胖，爱抽烟，看起来像个男人，但她实际上又细心又热情，并不是个粗人。第一次聊天之后，我们就变得很亲密。她原来在俄亥俄州，是个寡妇。儿子结婚后，她把那里的一切料理好，只身来了纽约。在那个艰难时期，她是唯一使我感到慰藉的人。可是这段关系不久后也宣告结束了。

有一天，我和她散步时，心情很舒畅，于是不知不觉地拉住了她的手，我想表达我对她的情谊。没想到，她竟粗暴地把我的手甩开了，我感到很难为情。她瞪大眼睛高声质问我：

"你为什么要拉我的手？"

"我只是……"

我含糊地回答时，她已转身离去。后来我才知道，在纽约手拉手走路的女人都是同性恋者。知道这个以后，我非常懊丧。

就这样过了几个月，我为自己的留学做了最初的准备。每天的日子都不平静，似乎生活在小说里。我先住在莱克星顿，在一所大学里进修英语，然后注册了另一所大学的饭店经营学，之后的一年都住在学校宿舍里，后来又通过校友去找学校外面出租的公寓，开始了自己给自己做饭的生活，这才算正式生活在纽约了。有一个最先和我一起生活的伙伴泰安，给我留下了很深的印象。她个子又高又瘦，常常面带微笑轻柔地说话。我很感激她，和她一起去过裸体村，度过了很新奇的一星期。

放弃饭店经营学的专业后，我与舞蹈相遇了。此后，那种恐惧感和孤独感没再出现过。因为对学习的极度热情，我没有余暇来感到孤独。也许这时我终于下定了决心，所有的人生问题都要由自己来解决。这决心产生了很大的效果。从那之后学习舞蹈的七八年岁月，我并不是解决和消除了孤独，而是忘记了孤独。

当我在韩国震耳欲聋的掌声和欢呼声中结束《哀悼》

的表演时，我充分认知到了这一点。在掌声和欢呼声中，我又体悟到了深深的空虚和孤独。我陷入了矛盾中。到印度之后，能消除矛盾的种子才发芽。这已然是二十多年前的事了，此刻回想起来，感受有些淡然了，当时却感到刻骨铭心。

那次表演使我一举成名。虽然后来我也听到了负面的评价，但并不影响当时的轰动效应。这是我多年努力的结果，但在别人看来，我是一夜之间冒出来的。韩国舞蹈界虽无长辈晚辈之分，但我毕竟没有任何根基。区区无名小辈，在国立剧场表演是有些过分的。一千二百个座位都爆满了，还卖了站票，一些不能进来的人就挤在剧院门口。这样的情景堪称当时艺术界最大的话题。反响之热烈超出了所有人的预料，几乎可以说是"史无前例"。观众众多，当然意味着表演大获成功。

首场演出结束后，我回到后台，心情久久无法平静。好大会儿工夫，我对着大镜子发呆，耳边模模糊糊还能听到观众的喧哗和掌声。我还没有来得及换衣服，就见许多人朝着后台拥了过来。

韩国舞蹈界的著名人士前来鼓励我，还有我的同学和老朋友们。几十个人如涨潮一般一下子拥来，我一时没来得及弄清谁是谁，都是"你是……，你的表演真了不起……"一类的话，或者用力握一握手就走开。我始终张着嘴点头，不断点头。大脑几乎是木的。这样持续了三十分钟，他们又退潮一般离我而去。我独自守在后台，心头寂寞萦绕。那时只有一面大镜子对着我，刚才被人们推到欢呼的顶峰的我，心里却仿佛被戳了一个大大的洞。

我换了衣服，拿着提包朝观众席走去。一个人也没有了。刚才拥挤的人潮消失了，只剩下一个寂静的空间。

观众和洪信子共享了舞台上的那段时光后，一切都消失了。那么对我来说，观众是什么呢？我第一次认真思索这个问题，浑身都颤抖起来。空旷的剧场里，单调地响起我嗒嗒的走路声。剧场之外没有等候我的人，只有初秋的凉风缓缓地吹过。

那时我住在哥哥家。回去时，全家人都在等我。当然，他们也去了剧场，不过他们当时好像计划好了似的全都躲着我，所以我才强烈地感到了绝对的孤独。

吃晚饭时，全家人都说了一句话，显然并不是真心的，而是言不由衷：

"我们家里出了一个哲学家。"

母亲的神态最不快。她认为我在韩国最大的剧场表演，一定会打扮得很漂亮，跳舞也会非常精彩。表演之前，她见到了不少夸赞我的人，表演的前一个晚上，她激动得睡不着觉。可在剧场里，她看到的却是我没有打扮，舞蹈也只有凄惨的哭声，于是大受打击，表演中途就回家了。她问我：

"你在美国过着乞丐一样的生活，好不容易学成了一样东西，就是这个吗？"

没有一个人能和我理解又贴近地对话。

这些都是过去的事情了。现在为了真正过一个人的生活，我自己跑到森林里，整天都面对着自己。这样的独守并不使我感到寂寞，也不感到害怕，我只是觉得幸福。

一个人孤独生活一段时间是有必要的。摆脱对孤独的恐惧一开始是容易做到的，这种摆脱同时还可以解开一些生活中的根本性疑问。真正困难的是摆脱恐惧的这个过程。

人最大也最根本的恐惧是死亡。我在印度时已经摆脱过对于死亡的恐惧，于是觉得生活中其他的所有恐惧都黯然失色。当你连死亡都不怕的时候，还会怕孤独吗？

자유를
위한 변명

和骷髅相伴，与自我作战

······

"能否给我找一个头盖骨，使我这
学识浅陋者也好……"

"做什么？"

"常跟它在一起。"

"你想和谁在一起？和死亡吗？"

我点点头。我想摆脱死亡给人的
恐惧感，想获得这方面的自由。
无法和死亡在一起，我就想常常
和骷髅相伴。

人的骨头，是死亡的剩余物和痕迹。然而世界上的一些民族让它们走进人的生活，随时随地都能面对死亡的遗迹。他们不把死亡当成嫌恶和回避的对象，还对死亡遗下的东西很亲近。我对此很好奇，我一直以为死亡是世上最可怕的事情。于是我把死亡当作最大的研究对象。

我第一回看到这样的生活是在 1976 年。那是在美国生活十年之后，我成为舞蹈家后，又取得了荣誉，但是成就本身给我带来了一种不能承受的虚脱感。那时，三十六年来的生活给我带来了极大的关于生活本质的疑惑，我被疑惑压迫着，像一个绝望的孩子面对着一大堆无力完成的作业。我不断地自问：人为什么活着？又为什么死亡？

对我来说，生活常常要有一个切近的目标，于是便有了行动的方向和内容。我忙碌地做事，认真地生活。可是，一个由简单词汇构成的简短自问困扰着我。

我想让自己坚定。可是我知道，我不过是一座危险得勉强立在那儿的旧房子。一个熟悉得近乎平淡的质问滚了过来，撞上了这座旧房子的柱子，于是那房子就塌下来了，没留下任何人的地址或电话号码。

我准备再回一次韩国的家，在母亲身边过一夜。回到韩国的这天晚上，我在床上，耳语一般对身边躺着的母亲说：

"妈妈，我有个目标，明天就要去印度，我不知道在妈妈有生之年，还能不能回来。"

妈妈吃了一惊，一下子坐了起来。我一向以为，母亲好像没有我这个孩子一样。我曾离开她在别的国家生活了十年。这对母亲来说，似乎不算什么。现在她吃惊什么，有什么舍不得的呢？可是，她一会儿闷头哭，一会儿抓住我用力摇晃，说了很多话。但没有一句话能飞进我的耳朵里使我改变决心。后来母亲不说了。我一直闭着眼。过了很久，母亲重新躺下了。

"我不知道该怎么跟你爸爸说。他也许会昏倒。"

第二天早饭后，我对爸爸说了同样的话。爸爸想说什么，终究没有说，一直不断地很难受地咳嗽着。爸爸很久以前得了哮喘病。我把水杯递给他，仔细地看着他。七十五岁的爸爸病了很久了，看起来衰迈无力。当我们父女俩的眼睛对视时，爸爸好像预感到这是最后一面，他伤心地痛哭起来。这是我第一次看到爸爸哭。

"翻过山就会有幸福，于是翻过了山，但是前面还会有山，还会有山……"

爸爸常常这样说。当年我去美国时，他也这么说过。我在心里默默说，爸爸，这将是我最后一次翻越那座山。我也很难过，不能安然地和爸爸坐在一起。我用力地拥抱了悲痛万分的爸爸，然后，好像逃亡似的嗒嗒嗒逃出他的屋子。走到门厅，我看到妈妈在院子里走来走去。我低下头坐着系鞋带，眼泪掉在了鞋头上。

就这样，我离开了爸爸妈妈。到印度的头几天里，爸爸悲痛的样子一直闪现在我脑海中，心里时时刻刻都感到难过。那时候，我开始了苦行生活，寻洞穴访寺庙，拜访喇嘛们。一段时间之后，我开始模模糊糊地明白我来印度究竟要找什么了。我首先要去喜马拉雅山。

从德里到喜马拉雅山要坐三天火车，我在火车上给爸爸写了很长的信。这封信不是言辞平常的家信——"和在纽约的生活一样，我过得很好，你平安吗？下次再写吧。"——而是我对印度苦行的动机以及一些人生问题的诚恳表白。我想让爸爸看到我精神上的成熟，也想立即告诉他我在印度发现了很大的希望，还表达了我对爸爸的歉疚之情以及想要孝顺的心情，等等。因为我没有固定的住址，所以我没有在信上写寄信地址。我不希望别人得到我的地址。

但是我后来才知道，爸爸在收到我的信之前就去世了。我的信是在他死后五天才到达的。对于我深深爱着的爸爸的死，我没有献出一滴眼泪。

我给爸爸寄了信之后，到了印度北部的高原地带——大吉岭。这里处于中国、印度和尼泊尔三国交界处。火车一路盘山而行，来这儿之后，我向下俯视，看到云彩就在脚下，云彩之下鸟儿们飞来飞去，颇有梦境之感，不知道是否到了另一个世界。

我在这里见到了另一种生活，看见他们用死人骨头做生活用具。又目睹了关于死亡的仪式，即"四十九日祭"。他们把这叫作"巴都曹丢"[1]。

这里的人们认为，人们死后的四十九日内，死者的灵魂还有感觉，故而他们还没有死。为了使死者的灵魂去往更好的世界，活着的人要帮他们寻找死后的安息之处。这时就有很多老喇嘛不断念经，让死者恢复生前学过的内容，从而找到他脑中已经模糊的路，丢掉恐惧。四十九日祭期间，老喇嘛使用的乐器和装饰品都是用人骨做的。

一切的根本是"巴都曹丢"。在这里学经的喇嘛很多。

1　译者注：Bardo Thodol——喇嘛教里灵魂在人死后与转世前之间所处的中间或超凡状态。

他们认为死后如果不能去极乐世界，就会复生在这痛苦重重的世上。所以人们一定要学习如何超脱。听说一学就要三年。我在这里很意外地见到了西方人，他们来自遥远的欧洲，我对此感到惊异。不过对我来说，还没有为了死之后如何而学习的必要。现在要紧的不是死后怎样，而是活着的人怎样接受死亡。

我想弄明白"巴都曹丢"的大意，想了解死亡是怎么回事和灵魂如何解脱。我便跟喇嘛们一起学习。"巴都曹丢"教的是肉体死亡之后的事，可我还带着肉体生存着。我想从对死亡的恐怖中解放出来。死后的四十九日会怎样无所谓，只要还有一天活着，我就需要彻底地领悟死亡。所以，对我来说，"巴都曹丢"并不是要去体验的对象，只是需要被讲解。

有一天，教我们的喇嘛跟我们说起人的头盖骨。

"看死人的头盖骨，可以知道这是一个受过很多苦行还是没受过苦行的人。学问大的人，头盖骨上有很大的洞，他们的灵魂能从那洞口飞出去。"

他是那样虔信，我不知道该不该相信他。可我知道没有理由否定这种生前的苦行会在人的身体上留下痕迹的观念。我对死亡有根本的恐惧，并因此感到痛苦，为了解决问题，我想跟死亡对峙。于是，在结束关于头盖骨的话题之前，我赶快诚恳地说：

"能否给我找一个头盖骨，使我这学识浅陋者也好……"

"做什么？"

"常跟它在一起。"

"你想和谁在一起？和死亡吗？"

我点点头。我想摆脱死亡给人的恐惧感，想获得这方面的自由。无法和死亡在一起，我就想常常和骷髅相伴。用人骨做的乐器和项链之类的物品是很容易找到的，但这些东西经过加工之后，有了作为器具的功能，却没了死亡的痕迹。我想要保留了完整死亡状态的骷髅。我诚恳地望着眼前的喇嘛，相信他一定能够找到我要的骷髅。

几天以后，这位喇嘛把一个骷髅交给我。这是一个下颌部有些破损的骷髅瓢。这是我第一次触摸死亡，攥了几次拳头后，才终于鼓足勇气接下了它。我感觉很恶心。可能是它的主人生前的修行不够，骷髅没有洞。我想以后有机会再来观看四十九日祭。我带上骷髅离开了喇嘛。以后，不管我去什么地方，都一直把骷髅带在身边。

在喜马拉雅山深深的峡谷中，太阳落山之后，人会产生一种强烈的寂寞感。在一个窝棚里，我听着自己的呼吸声，和骷髅度过了第一晚。我点燃蜡烛，拿着骷髅，独自坐着，很想和它建立联系。我先摸摸它，感觉有某种拒绝感在指尖产生，继而扩散到整个身体。我又感到恶心了。

这是什么感觉？这感觉到底来自何方？我后来知道了，这是我的 ego（自我）。可是这时我还没认识到。我想知道那恶心的感觉的来源，于是继续研究。

我想用骷髅接水喝，可是端到嘴边时，又不敢喝了。骷髅碰到了嘴唇，我犹豫了一下，把它放到一边。深深呼吸了一口气之后，我又把它端起来。这样反复几次，终于让它挨上嘴唇，勉强喝了一口。结果我不敢咽下去，哇的一声吐了出来。我又看了看骷髅，再次把它端起来。这次我闭上眼睛，一下子让它碰上嘴唇。咔嗒、咔嗒，骷髅和我的牙齿发生了碰撞。我心惊肉跳，生怕自己再产生别的想法，赶紧喝了一口咽了下去，然后毛骨悚然地把骷髅放在了一边。

那强烈的拒绝感是什么？是恐惧。我不知道骷髅要抢走我的什么，于是产生了恐惧。我幻想从骷髅上长出来一只手，它会把我抓住，猛地让我栽倒下去。我搞不清是什么使我恐惧，明明骷髅不能抢走我的任何东西。"骷髅没有那么大的力量，我也没有什么东西让骷髅有兴趣抢。"我的理性这样说。

我再一次端起骷髅，把剩下的水一饮而尽。然后使它接触我的身体。我摇晃着身体，呼喊着："骷髅不能抢走我的东西，不，我没有你要抢的东西。"在我完全放心之前，我把我的胸、面庞、胳膊和腿，我把我的整个身体都交给骷髅，同时呼喊着。终于，我的恐惧被驱散了，我镇定下来，拥抱着骷髅，开始躺下睡觉。我所担心的噩梦并没有出现。

第二天，我不知道自己是否已经与死亡亲密无间，最起码和这骷髅是很亲密了。我用骷髅盛饭，把它当成我的碗。对我来说，我只有这么一只碗。睡觉时我把它放在我的头顶上方，让它做我的卫兵。我对骷髅说：

"你是我的死亡和我的碗，和我一起住吧！"

我不躲避任何和死亡有关联的地方，还会主动去找那些地方，例如最能彻底地感受死亡的场所——火葬场。印度的河边一般都有火葬场，我在印度生活的时候最爱去那里，一有空就去。在那里，我唱歌、跳舞、冥想。我看到很多印度人活着的时候就去那里，为了接受死亡。

从他们认真寻找最终死亡场所的样子中，我感受到了一种美丽。

我也和他们一样，希望在临终时，不是被动地接受死亡，而是正面地、积极地面对死亡。我还不知道是什么力量让他们这样主动而自然地面对死亡，可是我想要用和他们同样的态度面对。我不认为他们每个人都有超绝的解脱力量。难道印度人都能成为释迦牟尼吗？不，那只是他们的文化、习惯和生活而已。可是，这就是他们的生活，对此，我实在感到敬畏。是什么样的集体潜意识，能把这样的行为普遍接受下来并作为生活的一部分呢？我很想了解他们生活背后的共同意识。

每到黄昏时，印度的河边便弥漫着死者肉体燃烧后冒出的烟，而后消散一空。我走在火葬场的河边，充满迷惑地唱着歌，身体慢慢地晃动起来，跳起了舞。

或者，我也能和他们一样，能够自然地思考死亡，并把死亡当作生活的一部分……儿时的记忆好像走马灯一样闪过我的脑海。

我上小学时，上学路上要经过一个火葬场。开始我并不知道那是火葬场，只是经常看到人们排着队从那前面经过。听说那里是焚烧尸体的地方，一走过那里我就会产生一种茫然的恐惧感。同时，我也产生了强烈的好奇心，很想知道在那里发生的一切。

有一天上学时，我终于忍不住想去看看，然后从人们眼中看到了他们对我的责备。我被他们轰开了。我本想像看人家举行结婚典礼一样，以很单纯的好奇心来看个够。

"你怎么来这儿看热闹！"

大人们的喊叫和表情真令人害怕。我离开了。我想，也许是因为我现在还是个小学生，大人们才不许我去看，等我长大后总可以看了吧？

每天都经过火葬场去学校的我，很快就习惯了偶尔会有尸体焚烧的日子。我还知道火葬场里住着一个人，我常常能从远处看到他。我很想认识这个人。

说来可笑，那时我还想过将来要当个火葬场管理员，这样就没人能阻止我近距离观察死亡了。这种小孩子的单纯想法，听起来有点奇怪。虽然当时年纪还小，我已经感到了焚烧尸体对我的神秘吸引力。

当时韩国爆发了战争。大人和孩子们的话题都是关于战争的新闻：哪个地方死了人，哪个地方的尸体像山一样堆起来。我就又产生了冒险心理和好奇心，常常去恐怖新闻发生的地方，结果闻到了令人头痛的恶臭。死去的肉体是如此肮脏，但如果尸体被火化的话，就能净化为烟气雾气，变成一抔轻灰。于是我更加注意火葬场了。

不管怎么说，儿时的我并不惧怕死亡。死亡常常发生在我的生活里，我把它当作平常事，自然而然地接受了它。

对死亡真正产生恐惧感，是在自己作为一个人的意识完备之后。我一点点长大，意识到自己是一个独立的存在，对自己想要做的事有许多想法。这时，我知道了别人的死亡其实是对我自己死亡的预演。终有一天，我也会像别人一样变成一具尸体，躺在灵床上，慢慢地腐烂，或者被推进火葬场。恐惧感是如此强烈，好像涨潮一样涌上心头。我还有太多想做的事，我不想死，于是我害怕了。我不想消失的愿望是如此强烈，一下子把我的存在像铠甲一样包裹了起来。从那时起，我实际上是在这重铠甲之中生活的。

用一支利箭射穿了这铠甲的人，正是我的第一位导师。对于死亡，他对弟子们说道：

"真的生命是不会死亡的。死亡的只是自我，自我是死亡的一部分，不是生命。如果你没有自我，也便没有死亡。死亡会突然敲击你的意识，你也许会感到人生的空虚和无意义。因为死亡能让人们看清人生的真实面目。"

他暗示我要和某种东西做斗争。我听着他的布道，同时也开始了同自己的斗争。

你害怕死亡吗？什么东西会死？身体会死亡。为什么要害怕身体的死亡？因为个体会消亡。那么，个体存在吗？

个体根本就不存在，我们认为自己是独立的存在，不过是个体分离造成的幻觉。我们所相信的个体只是一面微小的镜子，它部分地反映了作为整体的宇宙的巨大生命，那个唯一永恒的宇宙实体。我们所有的错误都源于我们以为自己是一个完全独立的实体，而不是宇宙的一部分。这种误解将有限与无限混为一谈，最终赋予有限以一切意义。修行归根结底是为了不混淆有限与无限而不断训练。

你害怕死亡吗？什么东西会死？身体会死亡。为什么要害怕身体的死亡？因为认为自己是一个独立的实体。是谁用这样的眼光来看待的？是我的自我。自我在哪里？自我在这个身体里。当我们死去时，自我会与身体一同消亡。死亡的终究是自我，对死亡恐惧的也是自我，自我害怕自己的消失。

什么是自我？自我是连是否真实存在都无法确认的不透明存在。自我，就是内心的另一个我，对我存在的不确定性感到焦虑，它无法判断我是否真的存在，只急于缓解焦虑。所以我试图用无数的外部条件来确认我真的存在，所有的渴望都因此而起。对死亡的恐惧源于我们失去了我们所渴望建立起的一切。如果我们在身体死亡到来之前，就杀死自我，会怎么样？

在不断叩问自己，步步紧逼自己到极限的日子里，我逐渐醒来。但真正伟大的领悟并不存在于如此肤浅的问答中。一个真正伟大的觉悟隐藏在它的背后，有一天的某个瞬间，没有任何意外事件，它突然降临到我身上。当然，也不能说这是不经寻找就发现的结果，毕竟我准备了那么多。

现在，我的心因无法用语言表达出那一刻的大彻大悟而感到极度疲惫。我的心感受着这一切。刹那间，一切都变得清晰起来，一种像是宇宙般巨大混沌的东西，充满了我的内心。是混沌而非混乱，这种理性的、和谐的、有序的混沌，是无法用线性排列的语言完全解释清楚的。就像水溶解了糖一样，是宇宙的法则将一切融为一体。法则回答了什么是生命，什么是生与死。我把迄今为止从外界获得的知识与观念都抛在了脑后。

我该把自己当成一条空船，摇桨的船夫就是我的自我，但这船是不需要船夫的。因为这船除了顺着水流自然漂流之外，没有别的目标。曾经努力逆流而上，抵达河对岸的徒劳船夫必须走了。我必须漂浮在一艘空船上。有时它会遇到波涛汹涌的景况，但会被通畅的水流漫不经心地带向那片大海。

即使途中撞上了别的船，那也没什么，谁会责怪一艘自然漂流着的空船呢？也许还未到大海便先沉入河中。但沉入河中的只是一艘空船，有什么可担心的呢？

我让我的自我死掉了。这个过程谈何容易？自我死掉的过程是随着死亡的到来，所有的恐惧和痛苦都如此真实的过程。几乎和真的死亡一样。我闭上双眼，进入冥想状态，审视着自己，把本我之外的一切东西一样一样地抛掉。舍不得否定的一定否定，不肯承认的我一定承认，还有自己依然掩藏着的羞愧，也都一并翻出来昭示于世。实际上，我在宇宙面前并不存在，我现在要死亡……每每想到死亡，恋恋不舍的东西又一一浮现。我问它们，你又有何意义？面对这样尖锐的问题，我觉得人生的一切经历都失去了光芒，变得破碎不堪。我的成绩显得毫无意义，我悲痛到无以复加。

我问我的自我，在极度的无意义中恋恋不舍，有意义吗？我像一个杂技演员一样在一根细绳上吊着表演绝技，下面就是万丈深渊。一撒手，就会落入无底的黑暗深渊。我能依靠的只有一根细绳，这根细绳是我存在的理由和目的。我常处于这种自我拉扯的状态中。

然而我终于撒手了，巨大的重力拽着我下落。体内由于感受重力的压迫，有一种无法承受的痛苦……可这只是很短的一瞬，接着发生了令人吃惊的事情。黑暗的深渊变成了明亮的白色空间。我不是在下落，而是在那空间里安定地"存在"着。

我睁开了眼睛。

那天晚上，我的全身由于病痛像火团似的滚烫，一阵一阵地冒冷汗。我住在一间很小的房子里，没有人来，只有我独自躺着。我病了几天，高烧超过四十摄氏度，神志昏迷，只靠喝水度日。我看着自己马上就要面临死亡的身体，疑惑难道随着自我之死，身体也会一道死去吗？

好容易能够起身时，我去见了我的导师，告诉他我全身万分疼痛。他看着我的眼睛，好像知晓内中的一切，说道：

"你现在的病痛是由于你精神上的变化导致的，疼痛在所难免。但病愈后，你的身体会变得圣洁。要知道，有时候身心的流毒只能用大病痛来洗去。"

我明白了。

有一位二十多岁的年轻学友病死了。她叫维芭莎娜，意思是"意识呼吸"。也是导师给她取的这个名字。因为她刚来时，呼吸总是不正常。导师教导她将主观意识结合到呼吸上。听到她死亡的消息，导师对我们说：

"我不是能够延长生命的人。我希望你们去感觉不能超越死亡的软弱的人们的力量。维芭莎娜在接受死亡，到她身边去，看一看死亡给我们喻示的人生真谛。"

我注视着死去的维芭莎娜。学子们站在她的房间里，那里萦绕着神秘而祥和的气息。死亡与赐福似乎是同一种东西。她死亡的那一刻，我感到房间内弥漫着一股力量。短暂的人生悲喜剧结束了……最后的瞬间，我想大笑。

维芭莎娜的尸体被搬到一个地方洗净，换上黄色的弟子服饰，送往火葬场。离开之前，导师向我们讲解了如何接受死亡。

"她平静地接受死亡。这谈何容易？因为人们都知道死亡是人生终结，人们会害怕，会痛苦。可实际上，死亡不是生的结束而是生的一部分，算得上是生之顶峰。如果害怕人生之顶峰，怎么能快乐一生呢？"

按照老师的教导，我们要度过祝福学友死去的一夜。很多弟子跟在她的尸体后边走着。在火葬场，她的尸体笼罩在火焰里，我们开始唱歌跳舞。火葬之火和歌舞着的弟子们的黄色服饰合成美丽的花儿在黑夜里跳跃着。黎明时分，最后的烟雾消失了，我们的歌舞仍未停歇。

死亡可以是如此美丽的仪式，死亡可以是如此美丽的祝福，死亡可以是如此美丽的跳舞和歌唱。

在印度苦行时，我的另一位老师是尼萨迦达塔·马哈拉吉。离开我的第一位导师后，我去找了他。当时他八十岁，住在孟买市私娼村的中心街上。在那个私娼村，从十岁的女孩到五十岁的老妇，都半裸着身体出来招徕客人。

我每次怀揣着关于生与死以及人生各种重大问题去见老师的时候，都要经过这样一条街道。我边走边想，同样都是女人，可人与人的命运如此不同。未来我的命运会走向哪里，我不想去考虑。

当时我住在孟买最便宜的房子里，那是一座建筑物上的小阁楼。我一躺下，小房间就满登登了。阁楼顶棚是用一块白铁皮做的，白天太阳一晒就极热，晚上也让人热得受不了。从很陡的楼梯爬上去，脱下鞋放在头前边，就这样睡下。早晨醒来时，感觉就像睡在一个蒸笼里，全身是汗，身子下边完全是湿的。

用凉水冲洗之后，我恢复了体力，换乘两次破旧的公共汽车去找老师。尽管身体十分乏力，好像一根焯过了的蔬菜，可心中怀抱着要从老师那里得到超脱的希望。

老师的房间和我的房间一样，要从很陡的梯子上去。作为一个印度土邦主，他有着如孩子一般瘦弱的身体和闪亮的眼睛，每天坐在那里与来自本国或世界各地的客人会面。对于他们的问题，他都会给出斩钉截铁的回答。他的身边有翻译，我的提问也不少，一问就是几个小时，一天很快地过去了。

关于死亡，老师是这样回答的：

"它是部分肉身的变化，是一体化结合物的解体。"

我问他：

"那么知道有肉体存在的意识主体该怎么办，肉体消失了，它也跟着消失吗？"

"知道有肉体存在的意识主体，也是通过肉体的诞生而产生的，它会随着死亡一起消失。"

"结果，连一点儿意识也没有留下吗？"

老师慢慢摇头：

"生命产生另外的肉体的时候，也产生了另外的意识主体。这和原来的不同。"

"那头一次的意识和第二次的意识有关吗？它们之间没有必然的因果关系吗？"

"它们之间没有个体对个体的关系，但它们之间有某种东西——存在记忆的肉体和存在因缘的肉体——在流动着。它变成了思考、欲望和成就的全部记录。虽然各意识不知道它，它们之间却传达着团状云一般的生动痕迹。"

六个月的时间里，我每天早上都去见他。从他那儿我学到了活着的人所能表达和传播的知识。我一直在他的教导下学习。

我曾经在美国的佛罗里达研究宗教舞蹈。那一年夏天特别热，是三十年来最热的一年。白天我不断出汗，头脑也不清醒，什么事都做不了。于是，我很奢侈地自我消遣——去海边游泳。

波涛嬉戏着我的身体。我一会儿向这边翻转，一会儿向那边摔去，渐渐地游进了深海区。我喝了几口水，身边没有一个人，我慌了。我用力地挥动手臂，拼命喊叫，可是没有援救的人。我掉进了汹涌的波涛中心，好几回沉进去，再浮上来。我想我没有希望了，内心不由充满了恐惧。恐惧感的不断加深使我挣扎不休。当我发觉自己是因为恐惧死亡而挣扎时，瞬间理解了那些面对死亡恐惧而束手无策的人。一瞬间，我悲痛极了。

我快死了。过去的事情如走马灯一般在脑海里旋转。我感到一种时间消失后的虚脱。可是，莫名其妙地，我好像从睡梦中醒来，头脑忽然清醒了，身体冷森森的。我恢复了冷静与镇定。我的身体随着波涛向上冲。我望着天上的云，看着远处海边聚集着的人群，心想，用不着挣扎了，我要接受死亡，主动自然地接受死亡。我要做我死亡的主人。

"生命是不死亡的，死亡的只是你的 ego（自我）。"

我想起了以前从导师那里得到的关于死亡的解释。

我停止了挣扎，好像学生对老师表示折服似的，顺着波涛漂在海上。我开始头晕，身体沉重，呼吸困难，海水不断地从嘴里冒出来。这样艰难地过了很久，在某个刹那，身体感到了平安，感到了奇怪的恍惚。也许，这已经不是我的意识了，一切都静止了。

在脱离了时间的空间里，黑暗无限宽阔。不知是近是远，有一束极小的光在闪烁。我听到了嘈杂的声音。然后，一切顿时明晰起来。

我竟在医院急救室里，一架机器正挤压着我的肚子。由于挤压得很疼，我闭上了眼睛。只听见大夫说：

"终于活过来了，你运气真好！海水灌满了你的肚子，幸亏是肚子，如果海水灌的是你的肺，你就不在这个世上了。"

是吗？我活着……我流下了眼泪。开始，这是安心和高兴的泪水，对生命还在我肉体中流动的事实感到高兴和安心，后又慢慢转化成自责和怜悯的泪水。

我想到我曾经无法主动地接受死亡。我明知死亡仅仅是自我的消亡，可是我超越不了对死亡的恐惧。我曾经束手无策……我在超越死亡和被它束缚的两者间徘徊着。

我闭上眼睛，集中精力呼吸，为了让我的心再次被宇宙间博大的真理所填满，并且一直被填满，我开始了冥想。

我冥想是为了解决做死亡的主人还是做死亡的奴隶的焦灼问题。这两种意识在我心中反复缠斗，要争个高下。同时也是为了能掌握宇宙的真理，以保持清醒，我想要以万分清醒的意识活着、讲述。我想要像呼吸一样自然地接受死亡。

자유를
위한 변명

身体即佛堂

. . . . .

肉体不是一般的物质，而是最具灵性
的物质。因为它是保存灵魂的神圣地
方。这神圣的地方要神圣地存在到死
亡。因而，肉体就像生之火炬。肉体
健康地、洁净地、神圣地存在着。它
知道什么样的欲望是可以允许的，什
么样的欲望是过分而丑陋的。

这样的身体便是我的佛堂。我在这佛
堂中虔诚而恭敬地生存精进着。

1979 年的夏天，我是拄着手杖回到纽约的。我知道这看上去很难堪，走起路来一瘸一拐，别人会以为我一下子老了十岁。

我没有别的地方可去，只好先回到纽约侄子家里。白天，侄子和他妻子上班去了，我就一个人在屋子里待着，守着自己的病体，挨过一天又一天。

我渴望再在纽约的舞台上飞旋舞蹈，可这是不可能的。此时我的身体状况不要说跳舞，连走路都很艰难。我这个样子也无法回韩国看望母亲，因而我无处可去，也无法联系以前的同事们。假若身体是健康的，我可以马上找寻以前的舞台，也可以找到以前的同事。但此时，除了等待我别无选择。我知道，现在我唯一要做的事是治病。

纽约很权威的医生给我做了全面检查，包括神经和筋骨。检查的结果是坐骨神经出了毛病。这里的肌肉非常紧张，神经连接的每一条筋都在痛，疼痛从大腿到脚后跟，蔓延整个下半身。医生对我说：

"你的病不是用药和手术就可以治好的。你首先要对自己有治好的信心。"

我很惊异。这是西方医生，他们的治疗方案离不开实打实的手段。他们可以用锯子锯掉带了疾病的胳膊和腿，用刀子解剖人的病体，摘去有问题的器官；可是这位西方医生，对我提到了非技术的力量。我明白意思何在。我的心情因此很沉重，像当头挨了一棒似的。

这位医生提醒我要同时采取其他疗法，这是一个相当及时的建议。于是，我想方设法依靠个人的力量来治疗自己。我搜集各种资料，研究自己的病源，再找到治疗的方法，除却医药疗法，又采取了食物疗法及运动疗法。同时，我开始回想自己过去的种种行迹。

这种病痛是如何发生的呢？大概是以前过于拼命的结果。神经系统的过度疲劳，加上经常空腹断食，从而造成营养不足。另外，我从不注意睡眠环境的舒适，总是在很凉的地方睡觉，这是十分有害的。在印度时，生活长年不规律，导致了身体全面的衰弱。在去印度以前，一从事舞蹈，便是不遗余力地拼命，这些都是病因潜伏的条件。总之一句话，我太不注意爱护自己的身体了。我对自己过去那些太不科学的做法感到惋惜。

实际上，在离开印度的几个月前，我已经感觉到自己会生病了。那时我已经离开了马哈拉吉，在印度东南部的海边休养。长期以来的苦行已经让我筋疲力尽，所以准备休息一下，调整身心。我准备最后在印度来一场巡回旅行，旅行的第一站便是果阿。

果阿是热带地区的海滨，被人们称为地球乐园。世界各地的嬉皮士都喜欢聚集在这里避暑，他们常常裸体在海中游泳。海边生长着茂密而又粗壮的椰子树，不管什么季节摘下椰子，都能喝到极新鲜的椰汁，实在是一个非常浪漫的地方。太阳刚刚落下去，嬉皮士或情侣们便都聚集在沙滩上，他们穿着泳衣，伴着轻快的音乐翩翩起舞，将一切思想一切烦恼全都忘到脑后。晚上，波涛的声音令人好不感动。到了黎明，在宽阔无边的黑色沙滩上慢慢散步，会产生一种融入波浪里去的冲动。在庄严的大海面前，人是如此渺小……这样茫茫想着，太阳就升起来了。我的身体开始出汗，我像孩子似的跑到大海里，在它的怀中尽情地游泳。

在果阿，我住在大多数旅游者住的简易房中。这种房屋用草扎成，很像韩国的瓜棚。这草屋之前，便是一望无际的大海，可以近距离倾听大海的波涛，充分体会大海的种种意趣。

果阿是可可、杧果、菠萝等热带水果的盛产地。当地的人们用水果磨制成一种叫作"模斯"的果茶来代替饭食，即使不吃面包也能饱腹。在果阿，我吃得好睡得香，是三年来第一次在印度过上舒服日子。我感到了从未有过的平静、充实，甚至有些奢侈之感了。

这样过了一段日子。一天早晨，我刚要起床，忽然感到身体里一种撕裂般的疼痛，不由"啊"了一声。为了去厕所，我勉强移动身体，但疼得更加厉害了，腰上像挨了重重的一击。我疼得气喘吁吁。到底是怎么回事？

我咬紧牙关，从厕所爬回屋子里，全身已经汗如雨下。一整天，我都挨着忍着，不能够坐，不能够躺，痛到了极点。可是附近没有一家医院，身边也没有一个人知道我的状况。不明原因的病痛，使我不停出着冷汗。就这样，我无计可施地度过了漫长的一天。我想离开果阿到印度的北方去，这是原本就计划好了的。但现在我感到去印度北方的路程是如此漫长而艰苦，我怎能完成？要这样可怕地结束在印度的最后时光吗？我困惑不已。

第二天的情况依然如此。我发现，如果身体始终不动弹，大概会变得像石灰一样僵硬。我只好强忍疼痛，慢慢活动身体，从手到胳膊，从脚到腿，四肢的关节慢慢地弯曲再打开。这么运动一两下，尽可能地走几步，终于感到双臂和右腿不那么剧痛了。原来，疼痛是从左腿和腰部扩展到全身的。

我在小小的棚屋里爬来爬去，从这个角到那个角，慢慢活动身体，大口喘着粗气。两天时间粒米未沾，只喝了自己的尿充当饮水。第二天晚上，我全身热烘烘的，似乎有血气在流动，心想明天可能会好一些吧，就慢慢入睡了。

果然，第三天，我的身体可以支撑起来了。可是左腿和腰的疼痛未减，一瘸一拐走路的时候，还是感到全身都疼。

以这样的病体继续旅行是很艰苦的，但我又必须北上，因为这病恹恹的身体继续住在果阿也不会有任何好转的可能。我计划的行程路线是，二十四小时从果阿到孟买，二十八小时从孟买到德里，四十八小时从德里到达兰萨拉。算一算，如果不分白天黑夜地坐车，路上火车加上汽车，最快也要四天。这是当初来印度苦行时的路线，我很想再回味一下，尤其是离开印度之前……

但以我现在的身体状况，随时都有可能病倒在路上。因此在动身前，我在精神上做好了可能面临死亡的准备。在屋子附近，我捡了一根有些弯曲的不太美观的棍子，用来支撑自己的身体。就是靠着这根手杖，我一步一挪，支撑着自己，离开印度回到了美国。

…………

那一回的旅行是再困难不过的了。每次步行，都会产生雷电击骨般的疼痛。再加上印度的交通十分落后，汽车总是一再误点，跑起来人就像要散架似的，猛烈的震动不停地击打着我的腰部。只有昼夜奔驰的火车能让我好受一些，我能坐在车窗旁的小椅子上，或者躺卧下来。

喝水成了一个大问题。每次车一停，印度人就会蜂拥下车。路边有积着水的小水坑，里面的水很多细菌，但他们毫不顾忌地喝下去。我却不能效仿。他们土生土长，从小就进行了免疫训练，大概于身体没有什么妨害。我以前这么喝过，却拉了肚子，腹疼难忍。于是我还是采取苦行中学到的法子——喝自己的尿以代替喝水。

…………

可是，我对自己的这具身体有多少认识呢？我一直为跳舞进行高强度的训练，却对身体的构造和机能完全缺乏了解。对身体需要什么，不需要什么，一点儿也不清楚。对身体内部什么器官起什么作用，它们的形态、颜色、功能等一概不知。我不认识自己的这具身体。

我开始和身体对话。一方是我，一方是肉体。我问我的肉体：我错在何处？我应该怎么办？我的肉体回答我：

"你拼命地使用我，却从不照顾我。你不了解我的需要。我太累了。你为了自我的欲望拼命地追求，一直虐待我。我如今太疲劳了！终于，我抓住了你，能有稍微放松一会儿的机会了。我不愿意你像役使奴隶那样使用我。因为，我就是你呀！"

我听到了我的肉体的声音。我的肉体将长期以来封存着的痛苦一一告诉了我。我专心倾听着，泪水滚滚而下。我明白我破坏了自然的一致性，使精神与肉体大大分裂了。倾听着肉体诉苦的声音，我躺在那里慢慢地抽动身体的每一寸筋肉，似乎是对肉体的发言给予回应与抚慰。泪水打湿了我的脸⋯⋯

我要纠正自己曾经的过失。第二天，我投入所有的时间拯救身体。我用深呼吸法放松神经和骨肉，再缓缓地运动，注视身体，使其平和之后再开始。因为不能站立，一切活动便躺着进行。

从这时起，我一边慢慢地疗愈身体，一边认真收集各种疗法的信息。拖着障碍重重的身体走了很多地方，看西医，看中医，试验过各种疗法。这时我觉得自己真是一个研究人员了。经过一段时期煞费苦心的研究探索，我得出一个意外的结论：通过深呼吸和视觉化冥想可以取得最佳的效果。这是我早已想过的，但是为了证实竟反复徘徊了好几天。

当然，其他方法也是有效的，只是太慢了。比如运动疗法和食物疗法我都试过，到完全可以活动需要半年时间，而整个治疗过程需要一年之久。我虽采纳它们，但不以它们为主要治疗措施。

我找到了在纽约州北部经营运动治疗中心的赫曼和莫妮卡。她们两人过去都是芭蕾舞演员，后来身体出了毛病，不能再跳芭蕾舞了，就一心一意地用运动疗法治疗自己的身体，后来变成了运动疗法方面的专家。

在那家治疗中心，我发现了一个难以相信的事实。第一次去的时候，莫妮卡让我做了各种动作，详细地察看我的一举一动，然后告诉我说：

"你的左腿变短了。"

我非常吃惊。仔细一比，果然能清楚地看出左腿确实比右腿短了。想来在印度的那几个月里，我的左腿最疼，尤其是膝盖，又经历了几个月的颠簸与行走，关节竟不知不觉地退变硬化了。

再怎么痛心，我都必须接受这个事实。我在这家治疗中心住了几天，学会了适宜我的运动疗法。

与此同时，食疗对我也有不小帮助。在美国波士顿，有一个专门的食疗养生所，门口写着一行字：让我们活得更好。管理人是安·威格莫尔，一位八十岁的老太太。她虽然上了年纪，每天仍生机勃勃，总是面带微笑，给人一种仿佛还是少女的感觉。

她在温室中培育小麦，待麦苗长到一二厘米之后剪下来榨成汁。我在那里，一天服用一杯这样的麦汁。麦汁很浓稠，喝完之后肚子里热辣辣的。同时还要吃一些别的没有加工过的植物。比如，早上把西瓜和瓜皮一起榨成汁喝下去，再吃一些生了芽的杂粮，一定要生着吃。早上洗过澡之后做一些运动训练。这么过了一个星期，看看镜子里的自己，眼睛仿佛都变清澈了。

我知道了调养身体的诸多办法。最重要的是，我懂得了如何放松神经和深呼吸，弃绝头脑中的所有杂念，整日持续地做视觉冥想。首先进行深呼吸，自丹田部位扩展全身，然后将意念集中到最疼痛的地方，按摩它，不是用手按摩而是用意识按摩。让深深的呼吸到达那里，然后再呼出去，自己可以清晰地感觉到呼与吸的全过程。

呼吸的过程是迟缓的，集中的。当呼吸进入疼痛之处，那里便会产生一个空间。疼痛是因为神经受到了压制，本来的空间消失了，所以才疼。当深呼吸传达过来时，那个部位便蜷缩、折叠，再舒展开，杂乱失衡的神经便慢慢解开，恢复了原本的自然状态。

我闭着眼睛，一切过程都似在眼前。我看见疼痛的关节一点儿一点儿地活动，筋肉随之抖动或弹动。这是极复杂极细致的过程，我知道自信此时起着重要的作用。

抱着无比赤诚的心理，我投入到整个治疗活动中。这时的我比过去任何时候都更想跳舞，也许是因为身体正处于恢复中吧。我想一旦恢复了健康，第一件要做的事就是跳舞。

其实，我已经在跳舞了，只不过是在躺着跳。治疗最重要的课程里暗含了小小的身体的舞蹈。几个月里，我全心全意将治疗当作唯一的"工作"。

终于，我的身体慢慢好起来。

这时我的身体出现了奇怪的现象——冲动。

就在身体快要完全恢复健康的时候，我经常想要做一些孩子才会有的动作。不仅是动作，说话和行为都有模仿幼儿之举。比如毫无目的地小步缓行，在屋中爬来爬去，睡觉时姿势奇异地趴着睡，偶尔又像母体中的胎儿那样蜷成一个团。时而在屋子里打滚，吮吸手指脚趾，又舔舔地毯……这都是小孩子的习惯。

整日里我都像个孩子，爬、滚、玩儿，我不限制这种奇怪的模仿冲动，倒觉得很快乐。相比之下，出去做事似乎是那么无所谓。这是再生的身体所带来的崭新冲动。我想，我获得了新生。

就这样，我的身体在治疗之中有了一年的新体验。痊愈之后，新生的我表演了新作《诞生》。在纽约 La MaMa 剧场，我以这一部独舞作品重返舞蹈界。

《诞生》没有舞台设计，我的衣饰也极简单。有时如同一个孩子，躺在舞台上，翻滚跌扑，把脚在头后摇动，滚动成一个球体，象征在母亲的羊水或故乡之水中，再拥抱、亲昵……一切都是我再生时期的反映。

新的灵魂，新的肉体。再生的我，想念远方的母亲。我想重新作为一个孩子去拥抱母亲，哪怕只有一个星期。我要回到母亲怀中。

1979 年末，我终于回到了母亲身边。虽然身体还有些疼痛，但我是以新的生命回来的。我满怀对母亲的深情，幻想着再一次回到童年，体会成长的过程……

然而我的希望破碎了，母亲已经不能够自理。七十八岁高龄的老人，正在忍受高血压和神经痛的折磨。我不能开口，如果我说出话来，会使母亲难过。我不能当孩子了，我把母亲的手拉起来，慢慢亲了一下。母亲问我：你怎么这么瘦啦？我点点头。我再瘦也不要紧。需要照顾的人是母亲而不是我。我安静地拥抱了母亲，抚摸她堆满皱纹的脸和满头的白发。我心里不断地说：要像照料孩子一样把母亲照料好。

长期流浪在外无法照顾母亲的愧疚，使我想要离母亲近些，因此我在离母亲不远的地方住下来。我在韩国短暂地定居了，在清州大学任教了一段时间。

这期间，我又开始跳舞了。身体虽然还未完全治好，但已经能做一些大动作了，只是摇动身体时，四肢还有些疼痛，但并不影响我跳舞。

我曾想过，如果自己不能康复变成了残疾，还能继续跳舞吗？我想应该也能。我躺在床上的时候不是也跳过舞吗？

舞蹈并非健康之人的专利。任何人都可以舞蹈，哪怕是瘫痪的人。我想，即使肉体残疾了，我也不会终止跳舞的念头。

1984年，我在火山口艺术中心跳舞的时候，有人送了我一盘录像带，是他自己制作的，他希望我看一看。因为并非出自专家之手，我看的时候，并没抱太大期望。但我不知不觉认真了起来。两个残疾人坐在轮椅上，两个女人在他们的轮椅后站着。就是这么两对青年男女构成的作品。其中一个男人三十多岁，在越南战争中失去了双腿。另一个男人虽然有腿，但再也不能使用了。他们都要在轮椅上度过余生。这是真正的残疾人创造的舞蹈作品。我被它吸引了。

这盘录像带令人十分感动。那些认为只有身段长得很好才可以跳舞的人，看到这个会深受打击。我希望他们看一看这盘录像带，肯定会拓宽他们对舞蹈的理解。

两个轮椅上的男人十分活泼地和着欢快的音乐跑来跑去，虽然他们残疾了，但他们的上半身给人一种自由又坚强有力的感觉。两个姑娘在轮椅后面配合着，她们时而推着轮椅奔跑，时而分别向不同的方向奔去。

我不打算评价它的艺术水平，这样的舞蹈与健全的身体所表达出的美丽相比，蕴含了更高一层的美丽。后来，我和录像的制作者，也就是那个失去了双腿的年轻男子交谈时，他对我说：

"我为我的身体感到自豪。神赐予我身体，虽然后来失去了双腿，但它仍是我的财富。我对如今的状态感到满足，并且要感谢神。你已经看到了，我是怎样爱自己的身体的。"

我点头称是，想要笑一笑却哽咽难言。想到自己曾有一段时间因为身体有病而担心不能跳舞，和他们相比，我是何等羞愧啊！我说：

"你的身体以及你对身体的态度都很美。"

我说的是真心话。他和他的同伴代表了真正的自由，这才是值得自豪的东西。

其中的道理很容易理解。无论是谁，总不免或多或少地表现出对自己身体的遗憾和不满。有人总是习惯性地掩住嘴，有人喜欢把某只手藏到口袋里边。都是能正常工作的嘴和手，因为被认为不好看而被主人隐藏起来。这样的人，在行动上便很不自由，不能正常说笑，也不能与他人握手——他们才是真正的残疾人。虽然他们举止无碍，但不美丽。

一个人，如果自自然然地暴露自己不好看的部位，那他的行动便是自由的，别人不会从他的眼睛里发现一丝不自在，而只是看到他袒露出来的真实与自然。这真实与自然便是美。

承认自身有不好看的部位，不够漂亮的部位，却仍为自己的身体感到自豪，这就是拥有了自由的身体。自由的身体是美丽的。

20世纪60年代，日本流行崇尚西方的风气，以西方的标准来衡量女性的外貌。女人们争先恐后做整容手术，隆鼻，割双眼皮，韩国也是如此。结果让整形医生发了财。当时我正准备到美国去，现在想来很可笑：当时为了到美国后不被人家轻视，也曾想过做整形，隆鼻，再拉一对双眼皮。假若当时有人鼓动我去做的话，我很可能就真的做了。幸亏，我身边没有这样的朋友。

我始终保持着自己的本来面貌，倒常被西方人夸奖说长得好看。眯缝眼，扁鼻子，他们认为这是东方女人美丽的特征。现在在纽约的韩国女人很多，她们不少人做过整形手术，变得和西方女人所差无几，如果不仔细看，看不出她们来自哪里。我常为她们消失了的自然面目感到遗憾。

回到纽约后，虽在地理空间上远离了印度，我的心理空间上却离不开印度。在那里我曾被老师教导过冥想法。冥想始终伴随着我的生活。对我来说，冥想是精神和肉体（实际这两者本应合二为一）同时参与的一种运动。靠着这一运动，我最终治好了自己的病。

恢复健康之后，我下定决心学会爱护身体，将刚刚恢复的健康状态维持下去。这主要要靠冥想来维持。冥想是认识和掌握身体的良好习惯。往往对身体认真地冥想一周，许多问题都会迎刃而解。所有进入身体内的病症，往往都是由神经过度疲劳引起的。所以一个人对生活不可有过分的贪欲。任何事情，如果过度去做，都会破坏协调。协调被破坏了，人便会生病。

现在，冥想比任何时候都更贴近我。冥想的具体方法可以从书上学到，也可以由专家传授。但其中最重要的部分，需要通过自己的身体体验来完成。在冥想的体验中我又做了许多细致的观察，给自己创造了许多步骤。因此，根据冥想的基本原理，加上我自己摸索的方法步骤，我可以随时随地进入冥想。

离开是我的生活方式。在任何地方，我从不做永久居住的打算。我总是离去，总是旅行。经常要花一二十个小时甚至更多的时间乘坐公共汽车、火车或者飞机。以前，我觉得乘车乘飞机的时间实在漫长得无聊，现在反倒很快乐。因为在这漫长的时间里，我可以做我的冥想。

冥想的动作幅度不大，动作也不多，即使是在狭窄的汽车或飞机里也可以进行，不必担心周围的目光。实在要有动作幅度时，也可以尽量小一些。

在长时间的搭车过程中，会产生令人不快的疲劳感。不能堆积这种疲劳感，应该及时消除它。这很容易做到，比如：慢慢地转转脖子，活动手腕、肩膀至脚腕，弯曲膝盖再伸展膝盖……没有什么特别的。心里头想着要身体自然而然、自然而然。

疲劳一般始于眼睛。双手揉搓直到发热，然后用手触摸眼皮传导热气，随后转动眼球，或者反复闭眼、睁眼。这样十分钟下来，就能令心情焕然一新。

还有用手互相搓摩的方法。手搓摩之后，从脸开始，沿着骨骼和筋脉，以手按摩或者抚摸身体的各部位。如果这样做不太方便的话，还有别的方法，那就是呼吸。

其实呼吸是最重要的。可以说，冥想的主要内容便是呼吸。站着或者坐着都可以，深吸一口气，把这口气从鼻子吸进来，经过肺部、腹部之后，再到脊椎，要一一地经过，通过了后颈、脑部、额头之后，再由鼻子呼出，慢慢地，深呼吸。要掌握、调整呼吸的气流。最开始，你大概感觉不到呼吸的气流，可能会觉得整个呼吸过程都非常吃力。一开始确实会这样，熟练之后，就能通过深呼吸感受到新鲜的生命气流了。

可能会有人问：呼吸是自然的，为什么要平添麻烦呢？

我倒觉得这样发问才奇怪。呼吸是最根本的生命之源泉。集中意念进行呼吸，是一件很有意义的事。轻视充分地呼气与吸气，把时间花费在无价值的空想和无意义的回忆中而不觉可惜，却吝啬花时间调整带给我们生命的呼吸，才是真正奇怪的。

重要的并不是未来，也不是过去，而是现在。这属于现在的瞬间，最重要的不就是使我们保持活力的呼吸吗？我的病的治疗，离不开呼吸法。我也经常看到人们通过呼吸法来治疗胃病、心脏病和神经疼。如果能经常注意呼吸对身体的重要性，就能很自然地维持健康了。

有的人对此有误解，以为冥想就是要思考很多复杂的问题。而真正的冥想，其实是集中意识，对呼吸和身体进行瞬间的省察；一心一意地呼吸，在意识中保留自己理想的身体姿态，专注地想着那种姿态，抛弃所有杂念，保持纯粹。如果我们每一瞬间都能如此生活，我们就拥有了"自然"。

我完全康复了，重返舞蹈界后，身体竟比以前更加健康。我在印度有过苦行体验，因此身边的人常常请我教授冥想法。我自己觉得没有资格教别人，但转念一想，教他们一些体验也是好的。

每回我都尽量告诉他们我曾体验到的东西。因为我的听者不是那些超离尘世，一心求道的人，所以我尽量联系日常生活，深入浅出，当然也包括冥想的一些基本原则以及精华。

根据自己曾有的经验，我请人帮忙整理了有关的动作步骤。最基本的有以下几种，并没有严格的次序之分。

生活冥想的几个方法：

一、对视。在安静的环境里，穿最方便舒服的衣裳，和家属、同事或者朋友，面对面地打坐。肩膀下垂，胸腔舒展，脊椎挺立，脖颈微低，下巴收起。呼吸自腹部始，积到胸部时节奏放缓，层次细致。沉默时互相对视脸孔，时间以十分钟为最佳，最少要五分钟。然后，互相注视双眼，时间越长越有效果。两人间隔一人距离，可以互相拉着手。此种状态，是对自己的体验。

二、追问本质。最好保持住上述状态。一个人询问，一个人应答。问者很郑重地问对方：

"你是什么人？"

回答的人说出此刻很自然地想到的话。

询问者再反复问：

"你是什么人？"

应答者的答案也许每每不同。经过十到十五分钟这样的问答，两个人再交换角色。

三、反省当日。睡觉之前，躺到床上，静静回忆一天中发生的事情。从最近的事情开始，一直回想到当日的早上，然后，从第三者的角度客观地看待它们。

四、停下来。将要开始做一件事或正在做一件事的过程，停下来。然后默默地观察周围，默默地想一想，再继续做。

五、注视。经常有意识地注视自己的思想和行为。自己想的什么，做的什么，经常有意识地注视它，想一想。

六、以呼吸冥想。找到一个安静的场所，最好能固定下来。室温适中，肚子保持不饥不饱的状态，服饰要舒适简便，方便摆好打坐的姿态。这里又有三种方式：

1.保持上述姿态，感受呼吸的进行，将意识集中在鼻尖。眼睛闭上，下巴抵住，牙齿间稍分开；放松下颌的紧张感，也放松眼睛与眼睛之间的紧张感。整个过程不要想，扔掉一切杂念，再将意识集中回鼻尖。开始的时候，呼吸要比平时长些。为了感觉呼吸，不必注意呼吸的声响。持续十到三十分钟，然后站起来活动一下，再继续感受呼吸。

2. 姿势与上同。将意识集中于腹部。假想丹田以下有一个大气球，吸气时，这气球便鼓起来，呼气时它又泄了气。呼吸的动作由腹部完成，可以看到腹部时起时伏。整个过程需要二十至二十五分钟，然后逐渐延长至三四十分钟。这期间可以休息五到十分钟。

3. 姿势不变。从脚趾至头顶，以意念来观察整个身体。初练习时需要三十至四十五分钟，熟练以后时间会缩短。

这三种冥想法是印度语的 Vipasana，意思是"意念的呼吸"或"正观察"，也是释迦牟尼苦行之法。现在东南亚、印度的和尚们还在研习，西方也开始效仿。如果能在生活中践行冥想，就能达到超脱的境界。现代人应该掌握一些冥想法，来保持身体健康，解除心理压力。这三种方式中的每一种，坚持一段时间都不难做到。

七、规定禁食和静默一日。一周当中要有一天坚持不吃任何需要咀嚼的东西，只喝果汁和水，并尽可能保持静默之态。

八、只专注于一件事。吃饭的时候就是吃饭，学习的时候就是学习，开车的时候就是开车，都是一心一用。不同时完成两件事情。吃东西时，对咀嚼的过程，食物的味道、颜色与形状，都要运用意识，咀嚼的时间一般越长越好。

九、释放力量。选择安静的时间释放自己的力量。或躺或站，从头或脚或胳膊，从哪儿开始都可以，慢慢地扭动身体，扭动脊椎，随意动作，也可以像个孩子一样爬行。不管什么样的动作，专心致志地去做，渐渐地，动作就变成了舞蹈。如果能够伴随适当的音乐就更好了。身体自然地摇摆，或激烈或缓慢，还可以颤抖、跺脚、蹦跳。这样持续一两个钟头，然后收束，恢复原状。

十、发声。到大自然当中任意呼喊，大笑，大哭，或者模仿动物的声音，都可以。让所有的声音都自由释放，或大或小，请充分地喊叫。不要限制哭或者笑的时间。

十一、愉快接受。不论面对什么，都愉快地接受。做事或者娱乐，一律以乐待之迎之。

十二、学会原谅，消除心中之恨。你怀有恨的情感吗？恨是精神的癌症，往往会内化为肉体的癌症。如果心中有恨，灵魂就不会自由。因为，恨成为灵魂的一部分，它蜷缩地存在着。认识到恨是产生癌症的要素，就要释放它，不要因此而受苦。消恨就是原谅，所有的恨都可以通过原谅消失。

压力也是恨之一种。任何精神上的压力和紧张，都会影响肌肉的形态。解除了精神上的压力，肉体上的压力自然也就解除了。一个人总是感到厌恨，感到愤怒，这样的情绪持续下去，会再现不愉快的事情发生时的情景。

冥想要在自然当中，最好是在郊野之地进行，也最好是独自一人来做，或者同可信赖的朋友一起。不愉快的情形再现时，会让人愤怒，呼吸声也会变粗，这时要做几次深呼吸，等待情绪平静。客观地看待一些情况。如果心情总是无法保持安宁，就会演变成行为。可以把枕头或者墙壁当作对方，发泄怒气，假装这样能使对方死亡，或者尽情地叫喊，再有意识地看看这样行为时的自己。

在平定了愤怒和激情之后，或者筋疲力尽后，继续做冥想。问对方，也问自己：

"对于那些，能原谅吗？"

能原谅，真的吗？如果不是真的，那问题还会出现。如果确定是真的能原谅对方，就坐下来写一封谅解信。最后，把这封信烧掉。

身体——肉体，它是什么？

有时，会感到它的麻烦，受到它的束缚；有时，又会觉得它非常重要，是我真正的财产。

身体——肉体，具有这两重属性。

身体是物质。它的生存又需要别的物质。

于是就产生了欲望，世俗的欲望。有人在欲望得不到满足时，就想抛弃肉体。

可肉体是多么重要，它可以经历人生的全部体验。肉体的产生意味着诞生，反之，肉体的消失就是死亡。

从诞生到死亡，所有的体验都在肉体内部发生。

所以，人生就是体验。人生不是为了获得什么最后的成果或者得到什么最终的答案而存在的，人生是一个体验的过程。如果我们说人生是有意义的，那就是"在过程当中体验人生"。

如果失掉了肉体，就没有了体验的场所与容器。所以，肉体是宝贵的。

肉体不是一般的物质，而是最具灵性的物质。因为它是保存灵魂的神圣地方。这神圣的地方要神圣地存在到死亡。因而，肉体就像生之火炬。肉体健康地、洁净地、神圣地存在着。它知道什么样的欲望是被允许的，什么样的欲望是过分而丑陋的。

这样的身体便是我的佛堂。我在这佛堂中虔诚而恭敬地生存精进着。

我常常坐着发愣。旁人误以为我在想事情，想得那么认真。可我不是在思考，而是坐在那里悄悄地体会肉体中流动着的力量。我忘记了时间，也忘记了身边人的存在。我坐在那里，对身体充满谢意。

　　安静地依凭着身体，
　　我的身体渐渐凝实，
　　我的心中产生着热。
　　脉搏在慢慢跳动，
　　我在呼吸，
　　我感到手脚温暖。
　　我把一切交给身体，
　　脉搏静静，呼吸轻轻，
　　我与我的身体同在。

结了婚，我却得到了自由

. . . . .

有人问我，是否后悔结婚。我说，
我不后悔，我从不后悔做过的每件
事。结了婚，我却得到了自由——
从完全不知结婚为何物的矛盾以及
幻想中获得了现在的自由。如果不
去经历结婚这一苦行，我怎么能领
悟在火山口森林中享受到的最完善
的自由呢？

在韩国，我和母亲一起生活的日子并不长，只有短短的两年。可这两年里，我却受到了极大的打击：在我还未来得及尽一片孝心时，母亲离世了。与此同时，我生平首次有了正式的职业——在清州大学担任讲师，教授现代舞，但不到两年就辞了职。一个更大的人生变化是，我结了婚，而且怀了孕。此时我刚过不惑之年。

　　1981 年 7 月，我同我的丈夫及未出世的孩子返回美国。我给住在洛杉矶的韩国舞蹈家朴卫善打电话，告诉她我回纽约了。朴卫善在韩国现代舞蹈界很有知名度，曾在梨花大学教舞蹈，后来辞职到了美国。我向她简单介绍了我的近况。

　　"我结了婚，并且怀孕了。"

　　"什么？你竟然结婚了？还有了孩子？"

　　她惊讶地喊叫起来。她如此吃惊，一再追问我是否确有其事。我一再肯定，她仍不相信。

　　是的，一向反对束缚自己，像男子那样流浪四方的我，突然结了婚，怀了孕，确实让人难以相信。

"以前你去印度的时候就让人不可思议，这回又……我才不信！我必须目睹！"

朴卫善为了眼见为实，几天之后真的来纽约了。我们一见面，她就摸我的肚子，尽管这时婴儿还未太显形，之后，她使劲盯着我的脸，再盯一盯我丈夫的脸，嘴巴大张着好半天才说出一句：

"好啦！不管怎么说，恭喜你！可是，你心里感觉怎么样？有什么变化吗？"

心理上的变化？当然会有。随着年龄的增长，每个人的人生哲学与观念必然会发生变化，如同环境的变化必然引起身体的变化一样。我有过好几次心理上的巨大转变，我不知道这样的变化今后还会有多少次。

我曾经是一个独身主义者，但心里不是不矛盾的。回想我二三十岁的时候，曾反复地想过要不要结婚，要不要生孩子的问题。假若真要结婚，也一定要选在最晚的时候；假若真要生孩子，必定要等到女人尚有生育能力的最后阶段。因为我对青春有太多的梦幻和企望。我想要真正轻松的漂泊无定的旅行，我想毫不停息地学习，想谈恋爱，想求道……所有这些，都是属于青春的，一个女人没有青春，很难做这些事。如果我结婚，意味着这一切都无法实现。我要青春，是为着我要自由。

小的时候我一直以为女人何时结了婚，她的人生就何时停滞了；女人一旦有了丈夫，生了孩子，她的人生价值就完成了。我通过身边许多已婚女人的例子得到了这种启示。对我来说，结婚实在是没什么好羡慕的。我自小便立下这样的决心：我绝不牺牲自己的青春，结婚与否都无所谓。上中学时，我和朋友说：

"我才不结婚，四十岁之前，我都要逍遥自在地活着。"

"那以后呢？"

"自杀！"

这是不太成熟的想法，可我真的这样想过。如今到了四十岁，我竟然结婚了，而且很快怀孕了。了解我的人估计只是表面理解而已。

朴卫善清醒过来，问我们结婚的情况。

"你丈夫看上去很年轻，他是做什么的？"

我告诉她我丈夫小我十二岁，现在二十八岁，是个抽象派画家。朴因为我俩年龄如此悬殊又吃惊地张大了嘴。但显然，比起刚听到我结婚时的表情，现在要好得多了。

大约是我们的结婚仪式搞得比较隐秘，我身边的人都不太相信我结婚的消息。但凡是了解我的人，都觉得这场婚姻难以理喻。以前，我去美国令人们惊异，后来又去了印度，这尤其令人费解，如今莫名其妙地回来，竟又同以前的诸多行为大相径庭。因为他们总以为我去美国再去印度，都是为了摆脱家庭的束缚。我理解我的行为带给人们的刺激与不解。

是的，过去的我一直在努力地摆脱家庭。

我的家庭印在我儿时的记忆里。我慢慢地擦拭着这斑斑点点的记忆之窗。家里的人有许多，我最爱的是父亲。儿时，父亲是我最亲密的朋友和最重要的老师。不知道为什么，父亲在兄弟姐妹当中最最疼我。

1945 年我五岁。我们一家人好不容易才赶上从中国东北回国的最后一趟火车。火车里拥挤不堪，水泄不通，我们只好坐到了火车顶。这时正是多雨时节，天上下着绵密的细雨，我们用一块很大的布幔遮风挡雨。黑黑的布幔下面，父亲母亲紧紧抱着妹妹和我。我因为恐惧紧紧拉着母亲的手。刚刚出生的妹妹还没有断奶，可母亲的奶水不足，妹妹和我都饿得哼哼唧唧地哭闹个不停。

火车在某个站点停下时，父亲一声不响地下去了。我以为他要离开我们了，但过了一会儿，父亲不知从哪里弄来了一碗饭，我们便一点点地分吃了。这是父亲留给我的最初的记忆：父亲是一个能够给我安全感并且不让我饿肚子的人。火车继续往前开，从那时起，我的手紧紧拉住了父亲的手。

我们回到了忠清南道。父亲母亲是在去中国之前生下的我，三年后在中国东北生下了妹妹。父亲有时同我们开玩笑说：

"本来没有生你们俩的计划，这么晚了让你们出世，无非是叫你们受苦受累。"

父亲的语气叹息中包含着歉意。

我上小学了。黑棉裤、粉纱裙、黄绸衣、黑鞋子，肩背一个布书包。这是我还能忆起的那时候的样子。到学校去要步行十里路。同样是十里路，回家的路要比上学的路高兴得多，因为家中有等待着我共度傍晚快乐时光的父亲。

下午的太阳温静地照着，父亲候在门口，放学回来的我跑向他，坐到他腿上，依偎着他。为了躲避直射的阳光，我闭上眼睛，父亲的手抚摸着我的脸颊、鼻子、眼睛、下巴，还有脖颈和胳膊……我或睡或醒地任父亲与我开玩笑。"笃笃"，父亲用手指敲我的肚子，把耳朵贴到肚皮上，听里面的动静。

"呵！你今天喝了泡菜汤。"

我很吃惊。父亲继续说他听出来我还吃了什么什么，居然很准，甚至我刚刚吃的零食他都能猜出来。

有时，父亲用别的方式来迎接我放学。我的身影刚出现在门口，父亲就会转过身来冲我说：

"好啊，你可来了，我后背正在发痒，帮我抓抓，给你十块钱，干不干？"

父亲说给我十块钱，让我帮他挠背；如果说给三十块，那我可以给他从头挠到脚。每当这种时候，我的小手慢慢地挠着，父亲微微笑着看着我。可是约定好的报酬一次也没兑现过，我却高兴让他欺骗。在给父亲挠背的时候，我会报告学校里发生的事，包括一些不能随便乱说的小故事。

"我冒了别人的名字给我们班长写情书，可惜被捅破了，所以我今天在教务室里被罚站了。"

父亲听罢没说话，只是干咳。

在我们家乡，每到春天，我都会跟着保姆姐姐去野地里挖野菜，挖父亲喜欢吃的苦菜和荠菜；到了夏天，便和村子里的孩子们光着两只脚丫去摘草莓，有时还会去田里捉田螺；冬天的时候，我在冰场上和男孩子们一起打陀螺、踢毽子。在稻子成熟一片金黄的时候，我们站在太阳底下假扮稻草人惊飞馋嘴的鸟雀；夏季的夜晚，我和村里的大姑娘到河边洗澡，边洗边跳舞……在童年多姿多彩的舞台上，我最亲近的伙伴是父亲。

哦，我为什么会想起这些？此刻，我真想倾诉自己远离父亲和家人的心情。我首先想说的是，我爱他们。是的，我爱我的每一位亲人，他们也爱我。我承认，我始终离不开家的温馨。

然而我还是要离开他们，因为我想做的事情太多了。我想自由自在地生活。家人给我的爱很温暖，同时也是一种束缚。想在家的怀抱中生活的愿望，被自由自在的渴望冲淡了，最终使我离家出走，去往他国。这是全无约定的分离，一种遥无归期的等待，所以痛苦之深是必然的。从最初的冲破束缚到走入婚姻，这中间的巨大变化，我自己都感到惊异，更何况他人。

1980年11月的一天，我头一次见到了他。那是首尔舞蹈团团长李清子的作品《沉默之声》在南山国立剧场演出的时候。那天观看表演的我受到了一种清新而强烈的感染与震撼。舞蹈非常精彩，舞台设计尤为新颖。我的经验告诉我，这是很难得的艺术，它用一种大胆而纯粹的风格紧紧地抓住了观众。看看手上的表演节目单，我知道了舞台设计师的名字叫李相南。演出结束之后，我找到早已熟识的李清子，寒暄之后，我对她说舞台设计给我留下了强烈的印象。她忽然叫住身边一位刚刚走过的男子，说："就是他。"随后她为我们互相做了介绍。

"瞧，这是洪信子，她对你的舞台设计非常欣赏。"

"唔，你就是洪信子？"

他高兴得很，并从他的记忆里送给我一份意外惊喜：

"我高中时看过《空间》杂志上关于你的介绍，当时我就想韩国居然出了这么了不起的女人，很希望能有机会见到你，今天真是太荣幸了！"

他的口吻使我觉得自己好像真的是个伟大的人一样。他表情腼腆，说话时略显慌乱，大大的眼睛在宽宽的眼镜后面闪着光彩。他个子修长，肩膀很宽，下颏给人一种意志坚定、生机勃勃的印象，然而他坚强的外表下又好像隐藏着脆弱的情感。当时我们并没有谈很多，我只觉得他是一位热情洋溢的画家。

《空间》杂志上介绍我，大约是在 1973 年《哀悼》在韩国表演的那段时间，如果真是这样的话，那时我三十多岁，他还是个高中生，也就是十九岁。我无法预测我的今后，更不会想到他将来是一位朝气蓬勃的艺术家。

"如果以后有时间的话，请为我做一次舞台设计。若有兴趣的话，请打个电话给我，好吗？"

"好，我会的。"

我们互相交换了通信地址。

几天过后，我打电话给他。当时我住在首尔，准备过些天去清州，忽然就想到了他。不知为什么，我有些想他，可能是他给我的初印象同他的舞台设计一样强烈。他说好要打电话的……

"啊！你是洪信子吗？"

他的口气，似乎预示着要送我什么好东西。我告诉他我过段时间去清州，希望他往清州去电话。他则希望在我离开首尔前见一次面。我也有同样的愿望。转天我们见面了。这个年轻画家是弘益大学艺术学院毕业的。他是位公认的才子，曾留学法国，上学时就同教授们一起在海外办画展。对于他的才华，我已通过他的舞台设计见识到了。现在，他正为再次去法国而四处打工筹钱。

后来，我间接听到一些他在学校里的事情。据说他那时长得很英俊，是一个又傲慢又活泼的男子。我对他的了解逐渐丰富起来，感觉他慢慢发生了变化。最明显的变化是从第三次见面开始的，他改变了说话的口吻。以前的口吻像是将要给我什么东西，现在则变成了要把这东西当场拿给我。显然，他是个很热烈的人，我四十年来从未见过如此热情洋溢的人。我一向以为自己是个很热情的人，但和他完全无法相比。

我从未有过那种热烈的完全投入的感情。我对舞蹈是投入的，对老师和老师教授的内容是投入的，然而我在投入的过程中，常常以我为中心，我说过要放弃自我，却常常是为了找到真正的自我。而他不是这样的。他对别人是完完全全地放弃自己，他的自我消失了。他是火，不怕穿过水；他是水，能够毫不犹豫地扑向火。如果我们约定明天再相见，那么今日分手时，他会双眼含泪。

他热烈投入的情感越来越影响着我，我们难舍难分了。

婚后他对我说：

"我上高中的时候，每当看到你盛大而又出色的演出，大家都要谈论很久。那时我就想，如果有一天能和这样的女人一起生活，该有多好！因此那一天在李清子的表演之后见到你，我不知是梦是真，几乎陷入一片迷茫。"

我便想，我和他的相遇绝不是偶然，我们之间命运的旋涡说不定会比预想的还要多。

"我得去撒尿！"

我刚说完，学生们便哈哈大笑。这是在清州大学教现代舞蹈课的一个下午，全是女学生们。

"你们笑什么？"

"没什么，就是想笑。"

一个学生这么回答，大家又都哈哈大笑。我不经意间说了要撒尿，听起来实在是忍不住。怎么总是需要"撒尿"呢？我让学生们继续练舞，又去了厕所。

我发现事情不太妙。那像钟表一样准时的生理期过了很久也没有踪影。一小时就要去一趟厕所，某个征兆已经很明显。算一下日子，是头一次和相南父母见面的那天。那天，我们同他的父母打过招呼之后，就去了二楼他的房间。我们看书、聊天，不知不觉已至深夜，到了必须回家的时间，结果天气突然骤变，下起大雨来。我想等雨小一点儿再走，可是雨始终不停，终于到了要禁行的时候。

　　"是不是要叫辆出租车来？"

　　他父母担心地询问我们。

　　我觉得时间太晚了，雨又下得极大，我有点儿害怕。我们面面相觑，很犹豫地沉默不语，我们想在一起，终于以雨太大为借口，我们在一起过夜了。我接受了他突如其来的一切，在那一刹那间，我曾预感到我会怀孕。

　　回到教室接着上课，直到铃声响起来。学生们和我围坐在一起聊天。

　　"老师，您真奇怪！"

　　"奇怪什么？"

　　"老师和别人不一样，上课的时候要去厕所就别跟我们打招呼了，您不仅打招呼，还说'我得去撒尿'，用的还是忠清南道的方言。您有时还说想吃面糕这种东西，您穿破旧的鞋子，穿很传统的棉裤。"

"你们说我这样做不合你们的意？那我注意一下就是了。"

"不，不是！很好。老师就像妈妈一样。"

"妈妈？"

"对，是妈妈！我能不能拉一拉像妈妈一样的老师的手？奇怪，老师有时像个妈妈，有时又像个孩子。"

我拉过一个学生的手，心想：说得对，我现在是个母亲，同时又是个孩子。我很想拥抱她们每一个人。

我去医院检查，果然，我怀孕了。

几个月之后，我和相南在首尔一座安静的寓所里举行了清雅的结婚典礼。二十多个亲友参加了这场婚礼，主婚人是书法家金忠贤。

我静静地看着主婚人坐在那里，好像突然间从梦里醒过来，暗暗在心中说：

啊，我们结婚啦！

来年，孩子出生，我做了母亲。

结婚之前，我的父母已经不在人世，所以我找到大哥，告知他我们要结婚，大哥吃惊地跳了起来：

"要是父亲还在，一定会送你去清凉里精神病院，这就是我要说的话。"

我马上反对：

"哪里的话。我虽然这么晚才结婚，可如果父亲活着，听到我要结婚了，一定会高兴万分的。"

"我当然也为你高兴。可你认真考虑过没有？你对你的丈夫到底了解多少？"

相南是小我十二岁的画家，我当然很明白这点，可是，我已慎重考虑过，年龄的差异并不重要。大哥和我的想法不大一样，也无须再讨论了。相南家当然也有反对意见，但他不管旁人如何，依然固执己见。令人意外的是，相南的父亲说了一句话，让他们家的反对者全都哑然：

"穿鞋是自己穿，自己的脚觉得舒服，别人看好看坏有什么用。"

我曾觉得结婚是不自由的选择，在某种意义上，只是一种妥协。

从印度回来之后，我对结婚的看法有所转变。我认为人可以结婚，并不是印度之行使我想要结婚，而是我已经逐渐明白人生不过是幻影，人们诞生，之后死去，花开复花落，世间万物都是变化的。退一步再看，那变化似是无意义，若以超越一个世界的高远眼光来看，分明能看到人生幻影的本质。

"入眠时，你感到幸福吗？"

在印度苦行时，老师这样问我，然后他自己又解答说：

"事实上，没有幸福或不幸福的感觉，那不过是你的自然状态。有时你的梦境涌现出来，会觉得自己幸福或痛苦，可是，等你清醒过来会发现，什么都没有了。你知道那是做梦就好，活着也如此，好像梦中之梦。因为人生即幻影。"

人生是幻影，这并不是以虚无主义的立场来说的。虽然任何事情都没什么大的意义，但不能因此就什么也不做，相反，做什么都要做好。只要是顺其自然地发展，什么样的行为和事情都不要惧怕。

理解了人生是幻影之后，对于结婚，我不肯定也不否定，因为年轻时关于结婚的想法已经变得毫无意义，婚后即使我的自我消失了也没什么关系。我的固执与我的自我一起纠缠着：在有缘分时就结婚，没缘分时就独身……但是我很明白，从本心上，我仍是反对结婚的，因为我不想受婚姻形式和制度的束缚。

那时候，情况已经不是我一个人了，我身边还有另外两个人：他，以及腹中的孩子。意识上我是自由的，不被习惯和观念束缚，现实里我又只能是不自由的。

我不能不妥协。我要服从社会制约，尊重一个男子以及保护我们将要生育的孩子，于是我选择了结婚。结婚对我来说，便是能接受他和孩子。如果不结婚，我将会失去在社会上的位置，孩子也会有一个不光彩的身份：私生子。

到了该我做选择的时候了。我决定用生命的体验过程这个理由来接受婚姻——我接受了人世间男女生活在一起生育孩子必须要经过婚姻这个形式。通过某种妥协我们获得了大众的认可和保护。然而，我是怀着不甘被其束缚的心理，踏入了婚姻的罗网的。

婚后，我们搬到了纽约。我们住在贫民区一所很破旧的住宅的六层，电梯当然是没有的，墙皮东一块西一块地掉下来，屋子里到处吱吱嘎嘎地乱响。最讨厌的是晚上，老鼠不甘寂寞地乱窜，在黑暗的房间里找东西吃，扰得人无法安睡。我生下女儿后，时时担心老鼠会把她咬死。

我们住的街区名叫斯坦顿，我们是斯坦顿176号。街上的风景像战后的废墟，人们也都像残兵败将。白天，街上总有毒品贩子们相互争斗、枪战，然后死掉。对面的建筑物常常着火，总是能听到警车、消防车呼啸而来的声音。旧房屋的主人因为租房费太便宜，所以故意放火以谋取保险金。用这种方法毁掉的破旧楼房很多，所以我们住的公寓也时时处在危险的境地中。

警车不分昼夜地巡逻，但是街面的秩序依旧混乱，到处都堆着垃圾。窗外马路的角落里尽是吸毒的瘾君子，或在注射吗啡，或在斗殴。这些人把空下来的旧楼房当作窝点，钻进去做毒品买卖。他们大部分都是贫民，时常拿一美元买一杯酒，脸上是过了今天没明天的神态。

我们住在这儿当然是因为房租便宜。我是前卫舞蹈家，丈夫是抽象派画家，前卫舞蹈和抽象画都是不挣钱的，所以我们很穷。每个月不足二百五十元，能租得起的地方只有这儿。

喜出生之后，一位朋友来电话说要来拜访我们。他也是一个年轻的前卫音乐家，和我一样穷。知道我们的住处后，他担忧地说：

"我能从你们那儿活着出来吗？"

"什么话，我们还在这儿养孩子呢！不要过虑。"

音乐家撂了电话，不到十分钟就来了。我以为他过来至少要四十分钟，对他的迅速出现，我觉得奇怪。

"你是住在我家附近吗？"

"不是，我坐出租来的，车门一关就到了。"

"你还有钱坐出租车？"

"说实话，这是我第三次坐出租车。"

我们就在这样的地方开始了新生活，一直在这儿住了七八年。我们婚后激烈的争斗和温馨的相处，全都发生在这儿。

以前，我像一个苦行僧，认真地过着求道的生活。现在还要这样受苦，是不是因为我以前没有完全得道？过去的我是一个失败者吗？是因为没有结婚，所以是失败者吗？如今我结了婚又生了孩子，要经历人生的所有过程了。虽然四十岁才结婚，但我好像进入了一个循环往复的过程，我正体验着生命的轮回。

结婚并不总是幸福的，不快乐的时候似乎更多。在婚姻里可以体会人生的诸多滋味和难题。我性格本是独来独往的，此时却要面对许多相当矛盾复杂的关系了。

一位前辈听到我结婚的消息时说：

"你在印度苦行了三年，可真正的苦行现在才开始。"

这话很真实。虽然我关于人生的想法已经改变，不再觉得婚姻、家庭只是牢笼，但我还是时时感到被束缚、被限制，最主要的原因是他太爱我了。

从怀孕结婚到孩子降生后的六个月里，我们和其他新婚夫妇一样特别忙。所以，一些矛盾还不是很明显。半岁大的女儿被送回首尔后，生活中的矛盾就开始尖锐起来。

事实上，我丈夫对在纽约生活毫无准备，他原计划是去法国，可为了我的舞蹈——我需要纽约的舞台，他放弃了法国，和我一起到了纽约。

"纽约也有画坛，也有出名的画家。我留学是为了提高绘画技巧，去纽约也是一样的，只要不是去山里，在哪儿都可以。"

话虽这么说，但他在纽约没有根基，这种现状也许会使他绝望。他不了解纽约的画坛，我们又穷，家里没有专门给他作画的地方，只有一个十平方米左右的房间，是我们唯一的生活空间，也是他的画室。这一切都令他感到沉闷压抑，他也许会惊异地发现纽约就是他讨厌的山里。

他作画的时候很认真，但每次画完都很沮丧。他是个很敏感的人，情绪激动的时候，要耍脾气，还要砸东西。听到噼里啪啦的声音，我吃惊地回头，发现画板已被砸坏，他的拳头在空中颤抖，一脸挫败的样子。一见到他这副模样，我总不禁感到害怕。

我们是能相互理解对方的，尤其是他能理解特立独行的我。我做饭水平很差，他并不挑剔，我的言行大大咧咧，他也能接受。我没有本领改变自己，但我尽可能以温柔的心来体贴他。他一发脾气，我便以沉默做武器，也以沉默应对他的种种敏感易怒。我们坐在一起讨论舞蹈和绘画，是为了加深相互之间的理解。

可他越来越暴躁了，事实上我并不了解他本来是个什么样的人。孩子送往韩国之后他时常发火。砸画板的声音更大了，扔东西也更加频繁。开始是扔勺子一类硬而小的东西，后来则是扔易碎的玻璃杯，"音响效果"大多了。玻璃杯常常就落在我身旁。不过我知道他不是冲我发脾气，是冲他自己。

终于，在某个时刻，他要投出他自己了。有一天，我们很平常地吵过架之后，他用很慢又很硬的口吻对我说：

"我知道你不爱我，是不是？"

我没有说话，因为我不能说我有时爱他，有时又不爱。此时我的真实心理是"不爱"。我一言不发地坐着。沉默了片刻，他突然站起来，同我说一声"再见"，便迅疾地走向窗口。他走到窗子边时，我突然意识到他可能要跳下去，便急忙跑过去搂住他的腰。

其实，并没有什么特别的事情使他有理由发怒，而是这个时期太不顺利的境遇使然。往往很小的矛盾，逐渐叠加，最终发展成吵架。吵过之后，我们也弄不清楚原因何在。都是因为生活里细碎的苦难和挫折，这时我才真实感受到前辈说的话多么正确：真正的苦行是从现在开始的。我常常发现自己十足的软弱，我看到了一个卑贱的自我，因为一种屈辱感而浑身颤抖。

好几天里我都在想，之所以造成现在的局面，大概是由于他对我抱有幻想吧。一开始他就不顾一切近乎鲁莽地爱我，为我付出了他的青春和热情，以及他大有希望的画家的前途。从小他对我存有幻想，某一天幻想中的主人公突然出现了，他便全力以赴地投入其中，然后眼见幻想破碎，幻想变成了幻灭。

可是我的想法并不准确。他确实对我存在幻想，幻想破灭了也是事实，但这并没影响他仍旧爱我。

此时，家里已没有玻璃杯了，他又开始往墙上扔别的东西。他在角落作画，我背对着他构思舞蹈。突然，从背后飞来一件东西摔在我身边，我惊异地回头看他：

"又怎么了，为什么？"

"你不爱我，是不是？"

这就是他爱我的方式，我想。我开始抵抗他，他气势汹汹，像是要杀害我，我竟然没受伤，受伤的总是某种器具或他的画板。有一天，我们家里能摔的东西全都被摔碎了，走路都成了问题，要用脚蹚着满地的碎屑才能挪动。

后来我们再也不买器皿了，一来是怕它们再被摔碎，二来我们也没有钱。我们只用两个碗过日子。好像托钵僧那样，用一个碗又吃饭又喝汤。这就是我们简易而和谐的生活。这时，任何地方都不可能买到他这一时期的作品，因为都被他自己破坏了。

我们有一把很钝的连苹果都削不好的刀子，我一直因为这把刀子很难用而不快，可他说的话又令我沮丧：

"可别买新的快刀，我大概控制不了自己。"

穷，我想一切都是穷的缘故。把半岁的女儿送回首尔是因为穷。他常常打零工，给人家刷油漆，我常常做翻译，更是因为穷。我们从事的艺术很难兑现成钱。别人想买他的画也不可能，因为他画画不是为了售卖，这是他一贯的性格，并且也没有能够拿得出手的作品。

在分娩前后的几个月里，我们挣到的钱很少，经济状况越来越窘迫，只好靠政府的救济金过日子。为了领到救济金要走好几个流程，不断地申请。为此，我背着婴儿在纽约街头徘徊等候，还要在救济所里被人家反复查问，不是穷到绝路的人绝对难以忍受类似的手续。黑人、各国来的移民、极贫困的市民挤满了办公室，这个队伍从早到晚要排一天，而孩子就在我的背上大声啼哭……

终于轮到我了，黑人女职员看都不看我一眼，只盯着手里那张申请表，详细地盘问我"为什么会没钱"之类的问题。过一会儿，她递给我一张票证，嘴里喊"下一个"时，仍旧不看我的脸。每隔两周，我就得去做这令人羞惭又相当劳累的事情，换来一百五十美元的救济金。

我们穷到只能买当天的食物。为了省下一丁点儿交通费，走几十分钟的路去采购。我常常攥着破烂不堪的纸币去买方便面和便宜蔬菜，如果一次性买三四包方便面就会便宜十美分。卖家很快就记住了我这样的老主顾。

"今天有些便宜货。"

他们通常这样同我打招呼。后来招呼又变成：

"看看这个东西怎么样？菜不新鲜，可是很便宜。"

使我们无法分离的原因也是贫困。在那间破旧的公寓里，婴儿只能跟我们一起躺在地板上，我几次从梦中惊醒起来看女儿，只怕凶恶的老鼠将孩子咬伤。

我们的周围时常发生火灾。房主不管不顾地放火，但每次消防车都迅速出动，几乎没受到什么损失，保险金也轻易得不到。于是房主不甘心地三番五次点火。最后，陈旧的楼房就只剩下个黑乎乎的框架了。这样一来，租客们就会突然失去住处或者亲人，但他们没有足够的证据控告房主。一旦周围发生火情，我就抱着孩子不知如何是好。我真担心有一天火灾降到我们头上而我们无处可逃。

靠政府的救济金和丈夫四处打零工，我们的生活还可以勉强维持。我也得找工作，但很少有能带孩子工作的活儿。让邻居帮忙带孩子需要支付很高的费用，而且有的邻居会给孩子吃安眠药让他睡着。所以不管去哪里，我总是背着、抱着孩子。

带着孩子工作实在是困难重重，因此我们才想到把喜送回首尔。在分娩前后这段窘迫的日子里，停滞不前的事太多了。有一段时间，我抱着喜去舞蹈练习场，但无法正常训练，我创办的笑石舞蹈团处于停滞状态，博士论文也才写了个题目。我们考虑再三终于下定决心，先送走喜，六个月后再接回来。我们想，也许这六个月里我们可以安定一点，尽量过得好一些。待六个月过去，就将喜送到附近的托儿所。

因为穷，我们连送喜回首尔的条件也不具备。本应是我和丈夫送她回去，可这不可能。如果我们有坐飞机回去的钱，就不会想要把孩子送走。如今想起来仍心有余悸，我们竟是以委托代理人转送的方式把孩子送回了韩国。

通过旅行社的介绍，我们找到了替我们转送孩子的人。我们付给她两百美元，她替我们把孩子带回首尔。送孩子回国那天，飞机即将起飞之前，我们才第一次见到这个一头黄发的西方女人。在把孩子交给她之前，我不安得很，千叮万嘱希望她一路上好好照顾孩子，她马马虎虎地点了个头，继续抽她的烟。

在我的体内寄居过，被我的臂弯搂抱过的孩子，给了我充分的女人体验的我的女孩喜，整整六个月从未离开过我。我一直想，不论走到哪里，我们母女都应在一起……喜好像察觉到了做母亲的呼吸有点不正常，她用力噙住我的奶头，深深地扎进我怀里。她肯定感觉到了母亲悲恸欲绝的心情，感觉到了母亲心灵的颤抖。飞机就要起飞了，那个西方女人决然地把我怀里的喜夺走了，如同猛然把我们母女紧密相连的东西撕扯开。喜大哭不止。

那个黄头发女人抱着孩子走上了飞机搭乘口。我忽然那么强烈地想要叫住她。我意识到我做了一件大错事，无论如何我都要把孩子抢回来，不让她带走。我泪流满面地去寻，西方女人已经消失了踪影。我捂紧胸口，泪水浸湿了衣衫，所有的心理准备此刻全都失效了，内心的忧虑像涨潮的海水一样没过了我。直至飞机凌空直上，我仿佛仍听得到孩子的哭声。

在内心撕裂般的痛楚中，我直视着矛盾的自己：抛弃了做母亲的本能和使命，我在美国生活的主要目标到底是什么？我百般追求的又是什么？我送走喜的原因有很多：我的舞蹈，我的学业，我们的穷困和恶劣的居住环境，然而这些都不能替自己辩白——我是否完全由自我的渴望所调遣？

我唯一的女孩喜，好像孤儿一样远远地离开了美国。飞机已经远去，我却迟迟不肯离开飞机场，一再地徘徊着，不断安慰自己不会发生意外，孩子会平安抵达，六个月的时间很快就会过去的……从未离开过我胸怀的孩子被摘走了，我仍下意识地看向自己的胸前，可我怀里空空的，没有喜。

过了一段时间，我听说一位韩国言论界人士来到了美国。他是一位七十多岁的老人，但非常天真可爱。正是由于他这种性格，我们初次见面便很谈得来，甚至可以随意颠倒辈分相称。比如我可以拍着他的肩膀叫他"我的侄子"，他则以"哎哟，教母"来回应。

我们在电话里约见面。他说：

"听说你结了婚，生了孩子，恭喜你！我请你吃饭好吗？"

"孩子已经送到韩国去了，您还恭喜什么？"

"什么？"

我们去了餐厅，在那儿我告诉了他我们的近况。

"孩子回韩国后，大约有一个星期每天只哭不吃饭，怎么哄都没用。奶奶为照顾她都累坏了。现在刚刚好些，能吃饭也能玩儿。"

"孩子曾好几天不吃东西吗？"

"是的。"

我看上去就像在说别人的事，但心里一阵阵发颤。我从怀里掏出孩子的照片给他看：

"漂亮吗？"

"嗯，总是你的孩子呀，这孩子长大也不会是普通人的。"

他给孩子买了一件一百美元的漂亮衣服，忽然抹起眼泪，有些动情地对我说：

"我虽然年纪大了，心还是很软，动不动就替别人难过。"

我拍拍他的肩膀，宽慰说：

"孩子不会在那边待很久的，六个月以后一定接回来。"

然而六个月过去，现实并不如期望的那样好转。我和丈夫之间的争吵越来越多，我们之间的冲突越发严重，我想抱孩子的愿望也越发强烈。

一年过去了，状态如旧，但我不能丢弃孩子，我硬着头皮回韩国婆婆家接孩子。在机场，我又想起了一年前的事，以后每到机场我总会想到小小的喜，心情十分难过。对喜的负罪感和对孩子奶奶的负疚感，使我内心杂乱之极。我坐在飞机上，一再想象着和喜见面的画面，心中满是幸福。我拿定主意，见到喜，一定要把她紧紧地抱在胸前，再也不放下。

可是我没想到，等待我的现实如此可怕。喜已经忘掉了她的妈妈。原先那个总被抱在怀里吃奶的喜长大了，已经学会了走路。当我激动地张开双臂要抱她时，她却像碰到了凶猛的动物一样，害怕得大哭起来。每次我想要触摸她的时候，她都会畏惧地大哭，边哭边迅速地转头。我很犯愁，又无可奈何。

孩子很固执，除了爷爷奶奶和姑母，其他任何人她都不要。我再次想到自己犯了大错，当时把孩子像个孤儿一样送走。

吃晚饭时，爷爷问喜："妈妈在哪儿？"这问题孩子已经知道了——但她把头转开看别处。再问她，她就用小手指别的人或者别的东西。我原想在韩国待上两个月，恢复我们的母女情义，现在看来很不现实。

我无法将她带回美国。她认为妈妈是不相干的人，她不肯离开奶奶的怀抱。幼小的孩子不能再遭受打击，我流着眼泪返回美国，约定明年再来接她，也许那时她学会说话了，会听妈妈流着眼泪诉苦，会理解妈妈的一颗心。

第二年毫无变化。

第三年、第四年也同样如此。

满心怀着幸福的期待登上去韩国的飞机，然后泪流满面地回来，已成了一年一度的常事。第七年，喜终于明白了这七年里的故事，她开始理解了妈妈。可她说：

"我不跟你去美国，我要住在这里，直到爷爷奶奶去世。"

如今喜十二岁了，她的立场一直没变。

痛苦之下，我尝试着用另一种角度接受眼前的现实。我想，孩子不是一件附属品，我对孩子的爱是在要求一种补偿。我在争取追回曾经失掉的一种宝贵的人间情感，我一生都轻视世俗，可忽然又拿自己的人生做了一个重大的实验，结果是我也被卷入了生养孩子的辛苦过程里，从而产生了执念。求道之后的我有所改变，我愿意做一个贤妻良母。然而，我不能因此就固执地认为孩子只能属于我自己，必定要回到我的怀抱才行。孩子有自己的命运，她总要长大成人，选择自己的人生之路。

这样一想，我恢复了清醒。然而，当时的婚姻生活里，现实的种种矛盾与渴望让我不知不觉地脱离了一个求道者应有的状态。

孩子安然地住在韩国，我们也渐渐习以为常了。我每天都反省自己，也常常劝导丈夫，但丈夫依旧以他自己的方式来爱我。我们之间对彼此的要求越来越多了，都感到不自由，于是我开始希望逃出去。因为我明白，在家里是找不到自由了，自由只能到外边找。

有一天，又一次激烈的争吵之后，我说：

"如果有一天你起床之后没看见我，你就当我离开这儿了。"

这句话是我考虑了很久才说出的，可他立刻反驳了我：

"不要做傻事，白费劲儿，你就是跑到火地岛，我也能找到你。"

火地岛是地球上最南边的一个岛。他这么说就一定会这么做的。于是，我不能流露出要逃走的企图，即使要逃，也不能在他完全不能接受的时候。那是无用之举，即便不是真正的逃走，我们也会因此而非常难过。但我也要走出去看看。我想抓住每一次他无法阻拦的机会：比如一两个月的表演或其他什么活动。机会总会有的，若没有，我也可以自己来创造。

我们之间需要距离，需要拉开空间。事实上夫妇双方无条件地生活在一起，最大的问题是我们很容易强迫别人。我们当然愿意共同生活，可是一旦如此，又都互相轻视对方，理所当然地、强硬地苛求对方。所以已经没有理由再互相束缚了。

夫妻共同生活的明智榜样在我周围就有。他们的生活能够说明夫妻生活本来并无绝对的形式。我有个女性朋友，他们夫妇二人都有自己的工作，自己的居所。一个星期当中有五天，各人努力忙自己的事情；到周末了，他们就像恋爱的男女一样相聚，这时他们都是完全地献出自己。他们之间并没有出现什么问题，没有分居，更不会离婚，只是一种正常的夫妻生活。看着他们那样生活，我羡慕极了，不允许夫妇之间这样自由地生活，简直是不可思议。

泰戈尔的小说里有这种场面：一对男女谈恋爱，男方愿意结婚，女方却提出在距离很近的地方建两所房子各自生活，这样就可以不去破坏彼此的自由空间。女方说：

"我们散步时常常能碰到，在湖上坐船时也能碰到。有时我请你喝茶，有时你也请我。当然我们都有拒绝邀请的自由。这样的自由里能够生长美好的爱情。"

男方不肯接受这个条件，于是他们未能成婚。但只有这样的婚姻才是美的。我结婚前为什么就没有想到这种条件呢？

我经常要离家去中国、日本、法国等国家表演或者工作，有时一年一两次，有时五六次。他都无法阻止我。因为这都是很正经的事情，而且我态度坚决。婚后第六年，我有一次长时间离家的机会，去法国做编舞指导。我在法国住了三四个月，那时候我想，能离开家真是自由啊！

这期间，丈夫也有了变化。首先是外在的变化。以前看到外面禁烟的招贴画，他都会感到不平，现在竟然完全戒烟了，酗酒的毛病也改掉了，原本毫不理睬的冥想书籍却令他着了迷，他还深入研究了冥想音乐。绘画方面，他的变化尤其明显。早期激情澎湃的色彩变成了深沉温暖的求道的味道。另一个特殊的改变是他不吃肉了，只吃素菜。

大概总是用一个碗一只勺子吃饭，使他习惯了禁欲禁食，渐渐有了托钵僧的作风。他也不再问我："你爱我吗？"很明显，他外在的种种改变说明他内心也在改变。

有一天，我又跟他说要去外地，他出乎意料地说：

"你是总要离开家的人。我不能总是因为等候你而使自己筋疲力尽。我从此打消了以我为中心的想法。以前我用我的整颗心来等你，这很没用。现在，你想来就来，想走就走吧！"

他用温存的语调，真心实意地说了这番话。他认可了我的自由，同时也宣布了他的自由：

"我也要独立生存，不管怎么说，一个人只有独立生存才能获得真正的自由。"

就是从那个时候开始，我住到了夏威夷的火山口森林。从那时到现在，我们的家庭横跨太平洋拉开了一个三角形：我在夏威夷，丈夫在纽约，喜在首尔。凡是不理解我们生活的人，会说我们这是一个破裂的家庭。可实际上我们不是，我们有真正的一体之感，只不过我们的一体之感建立在自由之上。我们都给了家人太平洋一般广阔的自由。

按照大多数人的原则，一家人应该住在一起，我们这样太破碎。但我却认为家庭的安全感必须以自由为基础，住在一起并不是安全感的必要条件。没有自由，何谈安全呢？

我们虽然远远地分开生活，却比以往更加想念对方。我们并不是完全分离的，有时会出来相聚，有时还一起工作。我们时常像吵架那样说话，是因为我们都是艺术家，对于人生，对于艺术，我们时时要做求道者的争论，因此彻夜不眠的日子也很多。

1989 年，MBC 电视台邀请我到首尔世宗文化会馆表演《岛》这部作品。这是分开生活的我们一家共同创作的：我做编舞；丈夫做舞台设计，他做了一个飞机降落的图像设计；喜则加入了舞蹈团的表演，跳得非常好，令人们大吃一惊。

我们或偶然或必然地选择了如今这种生活，大家都很满意自己的现状。有时，我们互相邀请对方参与自己的生活；但是谁也不希望自己的空间被他人占据，即便是自己的亲人。

当初，丈夫来纽约生活是因为我，如今他却不愿意离开美国了。我一年中有两三个月会去纽约待在他身边，好像客人似的短暂逗留。他不再问："你爱我吗？"假若他问的话，我会回答：我真心爱你。

女儿喜也是一样。最初她被送往韩国，现在是她自己不愿意离开韩国。在喜的身边，我也是像个朋友似的每年逗留两三个月。如果我抱她，她肯定不会再哭反而会哈哈大笑。喜长大了，有一天她对我说：

"别跟记者说您是四十多岁才生下我，我会害羞的。"

有人问我，是否后悔结婚。我说，我不后悔，我从不后悔做过的每件事。结了婚，我却得到了自由——从完全不知结婚为何物的矛盾以及幻想中获得了现在的自由。如果不去经历结婚这一苦行，我怎么能领悟在火山口森林中享受到的最完善的自由呢？

成
为
母
亲

· · · · ·

我以为，怀孕和分娩是女人一生中的高峰体验。身体里孕育着孩子的时候，我感受到了从未有过的极大满足。如此实在地拥有一个生命的事实，让我体会到了身体的神圣。

我的腹部渐渐鼓了起来。望着镜中的自己，不禁想到原来一个女人的身材可以变成这样子，这莫不是一种完全的形态？我常以为女性的美丽必是细长的手脚，细软的腰肢，但我总感觉少了点什么。现在我明白了那是什么。一些文物尤其是古印第安人的女人像，都是临盆的女人像。那时以这样的女人为美，没有谁会对这样的臃肿之态感到害羞。

　　分娩快要临近了，我委托以前为我作品拍照的摄影师来拍摄我此时的样子。我想通过照片把此时的我留下来，以后也许再没这样的机会了，照片能让我寻觅以前的痕迹。我丰实地站着，自豪胜过了害羞。

　　我以为，怀孕和分娩是女人一生中的高峰体验。身体里孕育着孩子的时候，我感受到了从未有过的极大满足。如此实在地拥有一个生命的事实，让我体会到了身体的神圣。我的精神因而更沉稳，肉体则更敏感。甚至在性方面，这个时期的身体也是最敏感的。

　　对我来说，怀孕不仅仅是结婚的一个产品，一个结果；

从某种意义上来说，比起结婚，我更早接受的是怀孕。

将要分娩的我，已经四十一岁了。生育晚和结婚晚有关系。我年轻时就打算将来不生孩子，因为我对生育有一种恐怖感，觉得分娩太痛苦太可怕了，其中最可怕的是，生了孩子就不能再去做自己想做的事情。

对于舞蹈家来说，怀孕是一个阻碍。因为舞蹈家最重要的武器是敏捷而灵巧的身体。她们经过种种严苛的训练，努力控制体重，保持标准的身材，为此遭受了巨大的痛苦。可如果要生育，以前所有为了成功而付出的努力全都要毁于一旦了。

而且，舞蹈家之间的竞争很激烈，甚至有一种杀气腾腾的气氛。尤其是纽约的舞蹈界和艺术界，越来越显露出严肃的竞争气氛。我是其中的参与者。看到同行走在了前面，落在后面的人便会陷入极度的焦灼。舞蹈对于每个舞者而言，是一生的选择，是要全身心投入的事业。

然而我是一个女人，我身上隐藏着母性，有时我会想象自己怀里抱着一个孩子的样子。做母亲的本能和我因艺术成就上的贪欲而拒绝生育，产生了尖锐的矛盾。我在这尖锐的矛盾里挣扎。最终，是时间挽救了我，我从矛盾中挣扎出来。

虽然我曾听过许多关于高龄产妇的危险警告，但据说女人在绝经之前，四十五岁左右还能生孩子。于是我想，我还年轻着呢，距离最后的期限还有几年时间。如果一定要生育，到那时再下决心不迟。我便推延着，拒绝着，打算着，若是不生孩子便永远不生，要生的话也得等到四十五岁左右。

结果，我在四十一岁就生了孩子。听起来很晚，但对我来说还是太早了。我为什么要在四十一岁这么早的年龄就生孩子呢？可能是因为我的想法早已发生了变化。这变化不是因为我放弃了舞蹈，而是因为我从根本上消除了恐怖感。我曾很长一段时间都有一种背离了自由生活的恐怖感，但这种感觉随着死亡恐惧的消失而消失殆尽。

我已不再惧怕死亡，还有什么好怕的呢？

人生不过是一个幻影，选择什么样的生活都是差异不大的，只要不反对自然的进程，做什么都好。所以，当一种自然的潮流找到我的时候，我默然地接受了。当然，还有一个理由是，有了孩子以后，我意识到我曾经渴望追求的一切，都是自我无足轻重的欲望。

我想要在这时候跳舞。一般来说，生育与舞蹈是两码事，尤其不该在孕期大跳舞。可我是跳现代舞的，比古典舞的情形要好一些。我已经做好了心理准备，即使为此今后都不能跳舞，那也没什么。其实所谓的不能跳舞只是不能表演而已。从本质上说，表现人生种种内容的舞蹈即便四肢残缺了也可以跳。所以，即使是在怀孕期间，某种舞蹈仍可以进行。有些动作大概是不能做了，但可以恢复人的自信心。

我在怀孕期间跳了舞。不仅是在怀孕初期，怀孕八个月时我也跳了舞。《继续》（*Continuing*）就是怀孕八个月时在纽约 La MaMa 剧场表演的。这个舞蹈以孕妇在这个时期可以做的动作构成。孕妇之舞一时成了人们议论的中心。观众的反响很热烈。

怀孕期间，很多事情都被抛诸脑后，独独担心着孩子，期望着未来：一种典型的母性情怀。是男孩子还是女孩子？与婴儿的初次见面，该是何等的紧张和小心啊。孩子的眼睛、鼻子、嘴，都周正吗？一系列问题令我心中忐忑不安。一个普通的孕妇冷静地思考着一个新生命即将诞生的事实及其意义。

怀孕三个月时，曾判断我怀孕的大夫用听诊器听我的肚子，问：

"你想听一听胎儿的心跳声吗？"

"心跳声？"

我兴奋得很，满怀期待地等着。心跳声在听诊器中被放大了几十倍，好像敲鼓似的"轰隆隆"直响。我听到的一刹那，不知不觉惊呆了。我有些恐惧，这感觉超过了高兴和神秘。我闭上眼睛，耸了耸肩膀。

"怎么了？很吃惊吗？"

"不。"

我离开医院时，天已经很黑了。我沉默地无力地拖着脚步走在黑蒙蒙的街道上。回家之后，我走进屋子，关上门，一个人坐了很久。我的体内有一个生命：它是有生命的存在；它是另一个意识，另一个生长着的灵魂。直到现在，我才接受了怀孕的事实，如此鲜明地感觉到它的存在。一个生命要诞生了，这一事实所蕴含的意义使我缩紧了肩膀。

该怎样认可这新生的存在呢？这孩子是谁？是去年冬天大雪的日子里我母亲灵魂的复活吗？还是代替母亲生于人世，她奉送来的一个孩子？我不知道他是未来的释迦牟尼，还是未来的圣母玛利亚……九个月的漫长时间，我身体中要诞生的新生命，不应该给我带来遗憾。将来的时间，我想以纯净的灵魂和肉体生活。

我在漆黑的屋子里坐着，丈夫打来了电话：

"你去医院了吗？"

"是的。大夫让我听了胎儿的心音。"

"已经能听到心音了吗？"

他很高兴。他的高兴很单纯，他也为心音这一事实而吃惊。

人们都说怀孕初期很辛苦，我却还好，只是偶尔犯恶心，没胃口。我那时正在韩国的清州大学任教。每天早上六点钟起床，乘车从首尔出发，八点半到学校，九点钟开始教舞蹈。这时肚子平平的，还不觉辛苦，脸色也没什么变化，没有学生知道我怀孕的事。我没正式结婚，又是教授，怀孕的事暴露了会使人们感到不安。所以最好不公开，最好从表面上看不出什么变化。

从表面上看，我的确没什么变化，但胃口却悄悄地变化着。有一天，我突然很想吃山芋、土豆，或者艾糕、露葵粥。为什么想吃这些东西呢？我想起来，这些都是小时候吃过的东西。怀孕的时候，孕妇的口味会发生变化，会想要吃各种各样的东西，而我只想吃小时候在乡下老家吃过的东西。几次周游世界，住在美国也有十几年了，可我内心仍是忠清南道一个乡村女人而已。就像人的血统无法骗人，人的故乡同样也无法骗人。我肚子里的生命将我带回了故乡，回到了本来的样子。

人们常说人在临终时特别怀念故乡，想品尝以前熟悉的风味食品，想同母亲谈心。此时，我觉得自己正处于死亡和新生之间：一个新的生命将要诞生，另一个生命却为了新生命的成长而慢慢走向死亡。处于新生与死亡的交替状态中的我，想吃小时候吃过的东西，想走曾经走过的路，想见妈妈。

尤其想念妈妈。我想被妈妈拥进怀里，撒着娇，让她摸摸我的肚子。可是，妈妈——曾经期望我嫁给男人，生孩子，与别人一样生活的我的妈妈——她已经不在人世了。

山芋和土豆，这些东西去市场就能买到，可是母亲做的艾糕却再也没有了。这东西怎么也找不到，买不到。因此越发地想吃，甚至讲着课也会忽然想到。

一天，下课之后我跟学生们闲聊。

"你们想吃艾糕吗？你们谁会做？会的话，咱们一起来动手。"

可笑。我都不会做的东西，何况是学生呢。不用说做，他们可能见都没见过。真像是跟大家随便开了个玩笑。没想到其中一个学生说：

"艾糕吗？我妈妈偶尔会做……老师为什么想吃这东西呢？"

"因为……"

我含糊其词地支吾过去，说小时候常吃它，说这些日子有些怀旧。

没过几天，我刚走进教室，看见那个学生脸上微微有些害羞地拿出了艾糕。

"哎呀，真谢谢你。下课时，我们都在草地集合，在那儿一起吃。"

话是这样说，但我内心很想先看一看。我偷偷打开盒子看看，还是和以前一样，很诱人，嘴里忍不住生出了唾液，竟然在学生面前迅速吃了一点儿。吃罢还要"啧啧"咂嘴，连说"好吃"。旁观者都有些垂涎了。这种十岁小孩般的举动真让人有些害羞。没办法，有三十年没吃到艾糕了……

那个学期结束之后，我结束了教授生涯。我已经教了三个学期，突然停止不仅仅是因为怀孕，更因为我对学校感到失望。

怀孕中的我，思想是简朴的，心情是愉快的。可是，学校内部有些令人扫兴的事情，至今仍给人深刻的印象。我只知道教师要在课堂上对学生倾注热情和爱，并不知道课堂之外还有很多事情。学校不是一个单纯的社会，内部存在着许多明争暗斗，当时的我并不知道。

我教的是现代舞蹈，除我以外，学院还有几位教西方古典舞蹈的教授。舞蹈科的学生上满三年后，开始选择自己的专业，同时也要选择教授。有一位女学生，所有的条件都符合学习现代舞蹈，她自己也说了几次要选现代舞蹈，最后却选择了韩国民族舞蹈。我很想知道她这样做的缘由，于是便问她。

"我觉得现代舞蹈的难度大一些……"

这是完全让我意想不到的回答，我从没有听她这样说过。她含含糊糊，低着头躲避我的目光，让我觉得有点儿奇怪。

学生们的专业选择，从数量方面看总是不平衡的，但一般总会有三分之一的学生选择现代舞蹈。可那时的结果不是这样。我以为是我教得不够好的缘故，就下决心以后要让自己的课更充实一些。后来我才知道事情并不像我想的那么简单。教授之间总有学生名额的竞争。教授们并没有面向全体学生，而是单独与个别学生谈话，或专门利用暑假旅行等机会，努力让有才华的学生跟着自己学习。学生们也往往不是根据自己的性格爱好做出选择，而是被他人所左右，以那样一种不正常的形式决定前途。这样的现象令我颓然伤感。教授对于学生，实际上是一种统治。

同时，我还了解到在这竞争的过程中需要诽谤别人。完全不谙世故的我，于是就如案板上待宰的鱼。他们并不在意我关于舞蹈的知识经验是否丰富，或教学能力是否优秀，而是对我的穿着举止指手画脚。

"她是怎么回事？为什么穿着那么奇怪？她的鞋子，她的衣服……"

这些话传到我的耳朵里，让我心里很不舒服。几天以后，在一次教授们的会议上，有位教授这样对我说：

"洪老师，您还是最适合过艺术家的生活。"

我听出这话里有不愿与我一起共事的意思。我想也许我是有一些错，我不大懂得为人处世，但心里还是发出怨言，喟叹处境为何如此。

又过些天，我从系主任那里听到了同样的话，我有些明白，话是从何说起，又是以什么样的途径流传扩大的。我本想默认这样的话，但已看出教授的生活太不合适我，于是就下决心辞职。教授生活最吸引人之处，是同学生的交往，可如果师生关系变成一种异化的统治，教授将学生视为自己的私有物的话，这样的生活也就没什么可留恋的。

距离学期结束还有一个月时，我已怀孕四个月了，身体逐渐笨重起来，多少有些妨碍了舞蹈动作的教授，但比身体更沉重的是我的心情。越是知道课即将结束了，教得越是认真，也许下学期就不能见到这些学生了，什么时候才能再见到他们呢？

我不知道问题的答案，可是我知道我对那些刻苦学习的学生产生了怜爱之心。时间虽然短暂，可我已经同大家有了爱的交流。我出生于忠清南道，长大之后去了遥远的异国。想做的事情都做过了，没有什么可后悔的。我希望在我的学生当中，产生一些优秀的舞蹈家，他们有自己坚定的信念，能够勇敢而潇洒地通过舞蹈表现人生……我怀着这样的心情默默地同学生们拥抱，为他们祈祷。

学期结束以后，我也没有必要继续住在韩国了。辞职信已经上交，此时又有别的学校聘我为教授。但我不愿意再当教授，我觉得当教授还不如当保姆或医院管理员。

于是，我离别了父亲母亲都已不在人世的故乡，和丈夫一起回到了第二故乡——纽约。

孕妇应该每月去医院做定期检查，可是我回美国后直到怀孕的第六个月还没有去医院，主要是我不想在医院里分娩。

我觉得在医院分娩是暴力的。分娩不顺利时，要动用工具将孩子的脑袋钳出来，或者把产妇的肚腹剖开，强行取出婴儿，然后剪断新生儿的脐带，在孩子的屁股上拍一下，放进小小的新生儿保温箱里"收容"几天。在规定的时间之内，母与子不能见面。

在法国出版的书《分娩无须暴力》中指出，婴儿出生时的情形和出生后几天内的环境，会影响婴儿及其人格的形成。例如，催产的婴儿脑部会受到损伤，一种潜在的压力日积月累，待孩子长大以后，会表现出一种过激的性格。

分娩是神圣的，是生物的本能行为，是爱的结晶，是自然瞬间所创造出来的结果，比任何行为都要美丽。我不想使这美丽的行为最终竟粗暴地结尾。分娩的全过程，好像是另一个耶稣或释迦牟尼诞生的瞬间。很久以前我就期望着自然分娩。我认为迎接新生命的到来是很神圣的仪式。自然分娩是唯一的"灵魂的"分娩，远离一切喧嚣，在距城市较远的安静郊外，最好是在纯粹的大自然中。

那时，一定要有朋友在我身边。这是我分娩的必需条件。能够留心观看一个生命完整诞生的瞬间，是一种福祉。我想把这福祉与我的朋友分享。他们则会给我力量和勇气。在神圣的音乐里，他们充满爱意地抚摸我的腿、胳膊、肩膀和肚子，又为新生儿着想，熄掉了周围太亮的灯光，在房间里燃上香，准备好温热的水，总之，很虔诚地迎接那一个瞬间——一种痛苦在不知不觉中变成了快乐。在婴儿诞生的时刻，那快乐变成纯洁的激奋的情欲，在我的整个体内扩展开来。朋友们在我鼓鼓的肚皮上亲吻，满脸带笑地观看新生儿诞生的瞬间。他们能够看到我所不能看到的情景。那是一个新生命孕育、长成到出生所经过的道路。我感到那是神的位置。

终于，分娩顺利，孩子生下来了。我的周围响起了欢愉的歌声。朋友将婴儿送进我的怀里，我的脸头一次接触了在腹中孕育了九个月的孩子，我的眼中流出感激的泪水。是神送来了又一个生命。你经过了朋友们的拥抱之后，轻轻地来到我怀里休息。我用手将你我相连的脐带断开了。朋友们抚摸着我汗湿的身体，你和我似乎都睡着了……

我希望如此，就好像做梦一样，很美丽的分娩之梦。在现实中，将这种理想付诸实践的人还是有的，他们就是自然分娩者。这些人住在一起形成了一个村落，就在斯特芬·凯希恩的一个农场的小共同村里。最初他们一行只有十一人，经过巡回讲演，在很短的时间内遇到了两百个信仰相同的伙伴，大家遂一起到田纳西度夏村开拓农场。现在已经是一个运营良好的村落了，数千人生活在那里，盛况空前。成员们都发誓要过清贫的生活。

那里不流通货币，一切都是自给自足，人们以物物交换的方式生活。将这些人凝聚在一起的一个重要信念是"神圣的自然分娩"。他们从不用麻醉剂、刀子和剪子。村长也就是农场长夫人写过《神圣的产科学》一书，深受美国人的喜爱，还被当作产科方面的教材使用。

我虽然没有想和他们一起过这样的生活，但对他们崇尚自然分娩的想法有同感。因为有这样的现实存在，所以我才把分娩的过程看成一场梦一样的自然行程，并且愿意将这想象落实为行动。

我看过几回有关自然分娩的影片。我从未有过那样的时刻，感到那么紧张，那么神秘。我情不自禁地流泪了，并且呜咽起来。分娩是很伟大的，完成那么巨大工程的产妇，她的甘苦体验，唯有她自己知道。

人们总以为超脱非常伟大，因此为了得到超脱的体验而反复寻求。但是，有什么能够比得上那伟大痛苦的体验呢？我也是一个女人，没有经过那样一场体验，能寻到超脱吗？在印度的经典里，女人在分娩的瞬间会得到超脱，其道理是很深刻的。产妇的肉体在分娩的瞬间达到了极致。肉体与精神空前地联结一体，那个瞬间有着精神发生剧烈变化的可能性。

听说印度的经典认为，通过分娩可以开发女人的中心潜能区。那正是产生力量、产生爱和慈悲之心的地方。无论多么冷静的具有利己性格的女人，一旦体验了这一瞬间，都会开发那个中心潜能区。可以说，凡体验了分娩的女人，在性格上都有可能变得柔情满怀，爱心至上。

诞生一个生命，如果缺乏无限的爱，是无法做到的。经历过这极端痛苦的女人，会产生慈悲之心，具有伟大母亲的胸怀。因此大多数为人母的女人，总以慈悲之心待人，眼泪也极多。但开朗起来,又像神那样阔大,在她面前,一切规则和观念似乎都失去了光彩。

"四十多岁的孕妇六个多月了都没来过一回医院,你让我怎么办?"

医院里,一个看上去有些愚笨的白人医生大惊小怪地喊叫。我在韩国期间,最初为确定是否怀孕及是否正常时去过两次医院。然后就如他所说,六个月之后我头一次去医院检查。

这期间,我曾去过纽约附近的自然分娩中心。结果令我很失望,因为高龄孕妇的头胎生产,很可能发生预测不到的事情,所以他们不赞成我采取自然分娩法,不肯接收我。有一个地方肯接收我,收费又太高了。我想我梦想的事情,是很难实现了。那么就退让一步,在医院里自然分娩吧,于是又找到一家医院。

斯特·文森特医院的诊疗费还比较合理,我可以住进去。纽约市财政救济中心的医疗卫生支出主要用于支付穷人的医疗费。根据个人的情况,我预交了五百美元用于分娩,然后做每月的定期检查。

头一次做检查的那天,医生责备我:"为什么到现在还没有检查过羊水?"在美国,凡超过三十五岁的孕妇,都很重视羊水检查。大夫问我时，眼睛都睁圆了，用手掌拍打他自己的额头，好像对一个文盲说话似的。他的口吻，好像我是一个完全没有开化的人，或者是一个罪犯。

检查羊水，就是用很长的针刺向子宫取羊水，然后检查胎儿是否正常。如果发现有异常，就要采取措施。所以检查最晚也要在孕期四个月之前进行。我也知道这个问题，但以为羊水并不总是正确的依据，而且如果搞错了抽样的位置，还会造成危险。即便知道胎儿异常了，又能采取怎样的处置办法呢？让他死掉吗？我不相信种种人为的方法，我愿意依从命运。

医生认为我是原始人，我则不能信服他，尤其是预期我分娩的日子令我更加不信他，因为他的计算早了一个月。我看他是用一根大软尺来测量我的腹围，以此来计算的，这怎么能准确呢？我有些好笑，但又不想伤他的自尊心，只是默默地坐着听他说，结果还是我的计算对了。

我们又谈到分娩的问题。我说不愿意做手术，只想自然分娩；不想通过药物麻醉来减轻分娩的痛苦，只想进行纯粹的体验。医生不置可否地摇着头：现在无法预测，无法做任何保证。他要求我和丈夫一起在医院里听关于自然分娩的讲座。我们一口气听了为时十二个星期的讲座。

终于开始阵痛了。傍晚时分，微弱的阵痛来临了。那天晚上邻居过来为我做饭。她是刚做过产妇的女人，她给我介绍了那一番体验：

"就像一架巨型货车一寸一寸地在肚子上驶过来，又驶过去。不知道它驶过了多少次。"

中午十二点钟，模模糊糊的阵痛开始明显起来。丈夫叫了急救车。在坐车去医院的路上，丈夫始终抓住我的手。虽然阵痛的来势并不凶猛，但每一次都蔓延全身，我的脑海一片空白，不过尚未有大货车驶过的感觉。

到了医院之后，护士为了用监视仪来观察阵痛的时间以及变化的情形，用一根皮带将附着的设备固定在我的肚子上面，我被勒得透不过气来，我的双腿也被分开，捆绑着固定在两根支柱上，然后医生嘱我不要动。

这完全不是自然分娩，而且我早已筋疲力尽。医生将手指探入子宫，说还远着呢，之后马上走开了。从他们的眼光和举止中，我感到我不是人，而是一件可供观览的陈列品。只有丈夫守护在我身边。

阵痛是难熬的，加之皮带勒着，我更感到肚子疼痛，呼吸急促，于是我试着放松一下皮带。但不一会儿工夫，一个胖胖的面容很不和气的黑人护士看了之后，又将皮带勒紧了一寸，然后离去。于是我又自己动手松了松。刚刚喘了一口气，那个护士又来了。她粗鲁地命令道：

"告诉你，不许这样做！"

黑人护士发出了最后通牒，又毫不留情地勒紧了皮带。我倒吸一口冷气，她瞪着眼，沉默着以警告的神色盯了我一会儿，然后转身快速走开。我仍想再次放松皮带。身边一直不说话的丈夫这时劝我罢休，我听从了他的话，这时我也无力反抗了……

"快来人！"

时刻注视着监视屏幕的丈夫忽然呼喊起来。这是我从阵痛以来一直没有过的剧烈信号。不知显示的是什么情形，反正在这一瞬间，我的肚子上面驶来了巨大的货车。阵痛间隔的时间越来越短，疼痛越来越加剧，货车驶过来驶过去。丈夫在那里不停地忙碌……什么样的刑罚，会使人如此难受？几个小时里，我近乎虚脱。丈夫抓紧我的手，叫着："坚持！"看上去他也是一副筋疲力尽的样子。

我想解开皮带，逃离产床，然后趴到地板上像动物一样呻吟呼吸，自然地晃动身体。如果能够那样做，我一定能忍受任何痛苦，而且痛苦也不会持续如此长的时间。这样的念头刚一冒出来，我又被激烈的阵痛压倒了，脑海中不再有意识的存在……

分娩是身体的自然行为，可像这样被强迫捆绑住身体，让人觉得完全是暴力刑罚。我在痛苦中稍有清醒，便想，要是出院了，我马上就要去参加或开展反暴力分娩的活动，一定要恢复韩国传统的自然分娩法。

我咬紧牙关，阵痛急促得很，一次次遍及全身。医生在我身边大声说话，不断地对我发出这样那样的指示。阵痛已经持续了二十八个小时，我几乎要昏倒过去了。不知又过了多久，我模模糊糊地听见说"孩子的头已经可以看到了"。我集中注意力，听到医生说：

"胎儿的头拧了，需要做手术。"

做手术？这时我虚脱得厉害，身体颤抖着痉挛着，显然分娩是极困难的。但只要孩子生下来不落毛病，怎样都没关系——我同意了。虽然直觉眼前的医生医术不高明，此时此刻也别无他法了。

邻床一位来自中国的年轻产妇也在忍受着阵痛的煎熬。医生让她决定是否手术，她和她丈夫坚持不做。那个男人不断地往中国打电话，然后不断地对医生说："No！"按照顺序，该她先手术的，但他们如此固执己见，我便先被推入了手术室。丈夫被医生拦在手术室门口，他放开了我的手说：

"鼓起勇气来，别怕！"

在手术室里，医生又一次试图用器械取出胎儿，仍无用，于是医生在我的胳膊上打了一针麻醉剂。准备工作刚刚完成，院长来了，他对我进行了一番检查后，对负责我的医生说：

"你认为一定要做手术吗？"

"产妇已经同意了。"

院长对医生简短的回答，好像要说什么，结果却什么也没说，转身走开了。麻醉的效果起来了……待我清醒过来，我发现自己已在病房里，手术眨眼之间就完成了。

后来我听说，医术不甚高明的医生为我手术时，那个中国产妇被院长熟练的手指引着，终于顺产了胎儿。如果我不急，也能顺产。可是命该如此，在那个紧张时刻只想着不要出事故，让一切危险快点过去，而且一点儿没料到还可以请院长来帮忙接生。结果最终我以违背自己意愿的方式生下了孩子。那关于自然分娩的梦想，就这样在麻醉之梦中破灭了。

护士看我醒来，将婴儿抱过来，母女俩匆匆见了一面马上又分开了。因为我的情况不好，不能抱孩子，我便躺在床上，时时想着仅短暂见过一面的孩子，竟给她写了封长信。

喜：

你住到我身体里的那天，天上下着大雨。你诞生的时刻，天上又下着大雨。坦率地说，在孕育了你四个月之后，你爸爸和你妈妈才在韩国一座安静的寓所里举行了结婚仪式。不知老天是怎么回事，这个家庭的婚礼之日，外面的雨也下得格外大。

我很喜欢水。一看到大水，就想跳进去游一游。所以我的心情，在潮湿的雨天里比在艳阳天里更好些。你有一个水性很好的妈妈，雨天里怀了孕，雨天里结了婚，又在雨天里生下了你。大约你也不会不喜欢诞生在雨天的事实吧？

为了来到世上，你好辛苦，当然你的妈妈也很辛苦。二十八个小时，你仍不能从妈妈的子宫里出来。结果还是那个胖胖的医术不甚高明的西方大夫打开了妈妈的肚子，像掏出一件偷藏的东西似的将你取了出来。你多么舒畅，又多么吃惊！

经过了一番努力，你真的来到了这个世界，可是妈妈却因麻醉而昏迷不醒……你是多么失望啊！陌生的手，为你剪断了脐带，给你洗了澡，把你放进了婴儿室。这一切你虽然不懂得，但可以感觉到吧？你向往的世界就是这样的吗？也许你还有些后悔？到底，被叫做妈妈、爸爸的人，他们在哪儿呢？

　　第二天早晨，护士为了让妈妈和你见面，把你带来了。这是我醒来之后，我们的初次相见。我虚弱不堪，无力支撑自己，意识也模模糊糊，无力微笑，只是无神地看着你。你见到这样的我之后，会认为我是没有表情、没有心的人吗？其实我的心情并不是这样的。怎么说呢，与你头一次见面的时候，我的心脏跳得很快，有点儿忐忑不安、小心翼翼。

　　我想你虽然刚刚出生，但或许是被比我更老的灵魂带来的。或许，你是去年已故的外婆的化身；或许，你是我灵魂的向导。看起来，你好像知晓我的一切，所以我心中有些害怕了。

　　最令我难过的是，我不能随心所欲地拥抱你。因为妈妈几个小时前为了生下你，肚子上开了刀又刚刚缝合。我们初次见面时都很陌生，没有什么感情流露。但之前珍贵的九个月里，我们是一体的。如今到了我们的相逢之时，我的心情如此沉重复杂，你一概不知。

　　我想……在倾听着神圣的音乐，拨亮烛光的幽静大自然里，在亲密的朋友们的鼓励下，忘却痛苦，和他们挽起手来，从中获得力量来迎接你——本是那样计划的自然分娩，并且我找到了乡下的自然分娩中心，可是，你猜他们说些什么？"你是超过四十岁的人，又是初次生产，所以不能采取这样的方式。"然后我又接连找了好几个地方，但都失望而归。

于是妈妈来到了这家医院——为没有收入的穷人治病的纽约市立医院。妈妈这个时候是比较贫穷的。因为这里的费用几乎相当于免费，所以不用在经济上有所担心。

进了医院我还是想自然分娩，但那些胆小如鼠的西方医生刚一听见便摇头不止，我的努力失败了。我认为医生扰乱了我的自然行为，尤其是黑人护士死死捆住了我的下肢，使我必然失败。但不管怎么说，你在艰难之中诞生了。既然已经诞生，就不用再去想是在什么样的境地下诞生的，只想如何坚强勇敢地生活。

再过上几天，我们就要去斯坦顿大街176号了。那条街的状况不好意思提前告诉你，但要知道，它可不一般呢。你回到我们的家，将会碰到几乎和你差不多大的老鼠，它们或许要和你比赛摔跤。

你的妈妈

每次看到喜的时候，我总感觉她的灵魂比我的灵魂形成得更早些，她的目光中好像有一个地方比我的更加深入。因为我是在母亲死后不久怀孕的，所以总不知不觉将喜同母亲的形象联系起来，也许是因为自己迫切地想明白轮回是怎么一回事吧。

我常常感觉喜的灵魂早于我，所以我不能单纯把她当作小小的孩子来对待。我呼唤她，对她说话，都不用命令的口吻。我总是禁不住用交换意见的方式来同她说话："我是这么想的；你呢，你怎么想？"而且还常常面对她的小脸儿反省自己。

喜只在我的怀里停留了短短六个月时间。这期间，我从未让她离开过我。因为没有能力雇佣保姆，所以即使外出时间很短，母女俩也得在一块儿。不管走到哪儿，我们总是形影不离。因为带着孩子无法出去工作，生活有些困窘。可是一看到怀中的女儿，就立刻有了一种拥有一切的充实感。

喜大约六周大的时候，我背着她去西区中心公园约翰·戴维的儿童班。这是喜出生以来的第一次外出。

据说女人生了孩子之后，全身都会发生变化。我虽然不太相信这样的话，可是确实感到有些不对劲儿了。头发毫不留情地脱落，这是最明显的症状。今后还要跳舞，表演上也离不开声音，所以我很想知道我的嗓子是否有问题，如果出现了异常，就要从现在开始做恢复训练了。

我想到喜跟着我，会对外界的改变感到陌生。她有一个不大普通的妈妈，这是她的命运。早一点儿适应变化，对她是有好处的。与其让那些抽着烟卷，一大早就听迪斯科的邻居代我照看孩子，真不如我自己走哪儿带哪儿。

喜躺在我旁边，我开始练习发声。嗓子似乎还没有异常现象。结果孩子睡得快，醒得也快。我对认真教我的老师感到抱歉，因为喜的哭声一直紧紧追着我的发声。我只好一边抱着拍打她，一边继续练声。

芭蕾舞班的练习课也开始了。喜当然是和我在一起。

分娩后的两个星期，我就去了吉纳·罗曼特经营的舞蹈室。她曾培养了很多舞蹈家，经常帮助一些受过伤、分娩过，以及停止跳舞多年又打算重操旧业的人进行恰当的训练，使她们再次得以发展。

第一次去的时候我带着孩子，引起了训练学员的注意。我怕妨碍了人家的练习，所以把孩子放在了更衣室，可不到十分钟孩子就哭开了。想看看孩子的人，便过去把孩子抱出来放在大镜子前面。训练结束时，大家都聚在孩子周围，夸她长得漂亮，争着又抱又看的，舞蹈界中总是很难看到孩子，所以她们都感到十分新鲜。

她们也是满心希望做妈妈的女人，只是为了能在舞台上获得成功，便不得不搁置自己的愿望，要永远保持身段，努力地练功，即便这样也未必就能如愿。跑去生孩子，这简直太异想天开了，不是在糟蹋自己吗？所以当出现了一位抱着孩子来练功的神色泰然的舞蹈家，对她们来说，简直是个奇迹。我不知她们看着我和喜时是怎样想的，是不是既羡慕又伤心呢？

"喂，小宝宝，你从婴儿时就来练功房，是要成为未来世界级的舞蹈家吗？"

不知是谁这样逗喜，大家都哈哈地笑开了。

"二十年后一定会有希望，那上了舞台，要取个什么名字呢？"

"李喜。"

我看着孩子笑着说，心里美滋滋的很自豪。

喜一直都是吃母乳的。因为总是一起进出，所以我喂奶是不分场合的。即使在人群拥挤的地方，只要孩子饿得哭起来，我便露出胸部，让孩子衔住奶头。

在韩国，这样喂奶本来是很自然的事情。可在纽约，人们都报以奇怪惊异的目光。我不打算回避他们。纽约，是艺术界为了成功而竞争最激烈的地方，缺乏亲情、母爱以及一切温情的事物。袒露自己的胸部，对我周围的艺术界同行，尤其是女性舞蹈家们，做一点儿感染和劝解，这是多么好的事情！

纽约这个城市很少见到婴儿。所以不管喜去哪里，总会吸引路人的关注。有一次我抱着孩子看画展，一名西方男子不去看画，却始终一步不离地跟着我们。我疑惑地看看他，他便不好意思地笑着说：

"真正的艺术不是在你这儿吗？"

我不由得也笑了。确实是这样，孩子是神灵创造出来的艺术品，任何艺术品都无法与这充满了神秘感的孩子相比。她那明亮的眼睛，纯洁的形态和动作，越看越迷人。假若有谁对孩子一无所知，希望他在某个时刻拥抱一下孩子，看一看孩子！

我曾经下定了决心不生孩子，这事仿佛就发生在昨天。可如今我当上了妈妈。一看到孩子，我便什么也想不全了，我忘记了自己在这个世界上做过的一切。模糊的记忆之屏，只剩下真真切切的孩子。

生育，这是女人最本能和理所当然的事情。当我注视着喜时，我感到心满意足，感到了自己的伟大。

所有的观念都像锁链一样一环套着一环，紧紧相连着，却又很容易断开。一旦断开，就好像要发生什么可怕的大事了。可是，不会的，什么也不会发生。安下心来，随顺自然，等待着一种自由的到来。当所有的观念一一断开，脱落了，你要安心领受。学会去爱，才能领悟到自由。别忘记那领悟的瞬间。只要能理解锁链是可能断开、可能脱落的这个事实，你也就能够将生活当作老师，从而成为一个在生活中获得了超脱的智者。

자유를
위한 변명

爱才是正确的方向

．．．．．

旅行中的人常常要向人问路。从指路人的手指头上，我能看出有时带有爱，有时带有憎恶，有时则漠不关心。漠不关心的人的手指，不知指的是什么地方；怀着憎恶之心的人的手指，常常指向相反的地方；可充满了爱心的人，他的手指常常十分准确地指示了你要找的方向。

如果没有爱，我们将在人生之旅中永远徘徊不定。

我要讲一个在城市里很难碰到并且是城市人难以理解的关于性的故事：来夏威夷火山口森林找我的人们之间发生的一些故事。表面看来，它们轻易就会被认为是不道德和违法的。可是为了不歪曲这件事的本质内容，我想找一个辩护人。这个辩护人就是自然。

　　这里的大自然真是美丽极了，又纯净，又神秘。没有什么恰当的语言能够描绘它。

　　这个岛的最大特点就是，不管哪里都能看到茂盛的野花和树群。走起路来，一定会陷在花丛之中。不知名的野花的色彩也不寻常，又浓烈又新鲜。树群上也都开放着色彩斑斓的花儿。头一次看到偌大的树冠上盛开着鲜花，我感到造物主是如此奇异和美妙。

　　鹤望兰是花群中的重要代表。它有一个十分别致的名字叫"天堂鸟"。它的样子就给人一种生活在天堂里的鸟的感觉。我沉浸在生机勃勃的大自然里，心想，造物主创造的极乐园，不就是这样的吗？我相信它的名字不是偶然的。

　　岛的四角，黑色的海滩是最美的点缀。沙滩后面是好像屏风一般粗壮的椰子树林，它们拥抱着太平洋的波浪，神奇的景象令人叹为观止。

听说很久以前，这里的居民信仰火山女神佩勒（Pele）。传说岛上的岩石便是她的骨骼，土壤是她的血肉。海岸上的所有石台，都留有神龛的遗迹。

三十年前，一次大规模的岩浆喷发，把拥有现代建筑物的海岸整个吞没了，变成了今天的样子。在遗留着原始神龛的石台的周围，神话被赋予了生命。传说如果谁离开岛时捎带了岛上的石或土，就是把佩勒的骨肉捎走了，那么这人一定会生病。因此凡是带走过岛上的石或土的旅行者，过后一定要把它们寄回来。这样的事情太多了，至今也是如此。走在黑色的沙滩上，想象着有关佩勒的神话，我觉得我好像踏在女神佩勒的眼睫毛上。

几年前，差不多在同一个时间，有两个男人和一个女人来找我。其中一个男人是中年人，另外两个都很年轻。他们在我这里住了几天，我们成了很亲密的朋友。过了三天，三人意气相投地打算一道游览全岛。我借给他们睡袋，送他们离开了。

三人回来时已是两天以后了。他们都晒得又黑又红，显然是洗了海水浴。晚上，我和那个年轻女人单独在一起的时候，她问我：

"你是不是以为我不是一个好女人？"

"你在说什么？"

我有些疑惑。她说：

"你要是这么想我也没办法，不过我认为我做得非常自然。"

她告诉了我这两天里发生的事情。

第一天上午，他们去了各处游玩，下午他们去了黑沙滩。在一个渺无人迹的地方，只有炽热的太阳，无比平静的海。他们没有带泳装，但是又挡不住大海的诱惑，于是便光着身子，像小孩一样嬉戏着下海游泳了。

本来是可以穿着内衣游泳的。可若这样的话，一定会感到同那纯美的大自然太不协调。于是，他们尽情尽意地以裸体依恋着大海。感到筋疲力尽时，他们便上岸来，躺在沙滩上，待体力一恢复又去下水，刚刚晒干的身体，又回到海浪的怀抱里……就这样，他们一直玩到傍晚，皮肤被咸咸的海水泡得又皱又硬，看起来很陌生，于是互相抚摸、互相嬉戏。

不知不觉中，夜降临了。他们完全不想去寻找带有四壁和屋顶的地方，就那样随意地躺在海边的沙滩上睡着了。然后，她自觉自愿地接受了两个男人。他们一起度过了两天。

"我认为，那时候，选择两人中的一个或者两个都拒绝，是不对的。你仍认为我不是一个好女人吗？"

我摇了摇头。我不打算评判好或是不好，我只尊重事实。因为我不具备从道德上给事情下评判的义务及资格，我没有那种用来衡量人的尺子。

我觉得我能够理解他们。在宏伟的纯然的大自然面前，你会受到冲击。人们头脑中已有的观念被破坏、被消灭，或者变成了另外一种。他们的处境正是这样。人们会说他们以及对此持认可态度的我是不对的。但对与不对的准则都来自人，人能制定它，也能改变它。比他们更不正常的人在我们的城市里有很多。

在城市里，人们无法获得被大自然冲击的力量。关于性的固有观念使人感到压抑，因为找不到破坏这观念的东西。对于性，某些人有着极其病态、极其可怜的行为，甚至是一种古怪的脱离之态。我看，这样的人远不如黑沙滩上的这三人健康、正常。

几天之后，他们三个人精神饱满地离开了森林。我没有听到他们后来的消息。不过这并不重要。

几年前，笑石舞蹈团的创始演员中有一位名叫菲利丝的女人。她有着天真的脸庞和安静的性格，可一旦在舞台上，她就显露出了天才的舞姿，变得无比洒脱，好像一只野地里的猫一样。她是一个真正的舞蹈家。

但实际上，她的生活出了些问题。她快三十岁了，还未结婚，她希望遇见永恒的爱，所以约会三次以上的男友很少，最多不过两星期便宣告结束。要么是男友甩掉她，要么是她自己失望，主动与对方分手。往往她与男友一起过夜后，彼此便不再有吸引力，到了早上连一起喝杯茶都不肯。

"总是这样子，倒不如爱一个女人。和女人结婚，婚后也不会失望，一辈子不受伤害，应该能永远地相爱相守吧？"

菲利丝这么说，意思是要做同性恋者。我说，即使和女人谈恋爱你也会失望的。我这样说服她：

"你不是一只天鹅，不要梦想永远的爱情。如果在很短的时间里也能和朋友一起相爱相伴，不是很好吗？"

天鹅是一雌一雄制的动物。几年前，在波士顿附近的乡下，一个十二岁的少年杀死了一只生活在湖中的天鹅。少年虽未成年，却还是被判处七年徒刑。少年将一只天鹅杀死，它的伴侣哀伤地飞来飞去，十二小时之后也死去了。可爱的天鹅，它以追随爱侣的死来证明它们之间永恒的爱情。

永恒的爱情，不仅仅是菲利丝一个人的愿望，也是我们所有人的理想。可是为了这个希望，我们要永远地徘徊不定吗？现实里没有幻想中的恋人，还能到空中去找吗？我对菲利丝说，我很理解你的理想和愿望，有一段时间里我也曾这样绝对地希望过。

据说在纽约，如果过上三年独身生活的话，大概就变成了同性恋者。四个纽约人当中就有一个会是同性恋者，其中的原因难以分析。

喜的爸爸在商店上班。他晚上回来时总喜欢讲白天发生的事情，愉快的不愉快的，他都告诉我。有一次他讲了这么一件事。那一天他和平时一样去送东西——商店附近有个盲人公寓，喜的爸爸常常要去给主顾送东西。一位潇洒的盲人开门后，不去接东西，却拉住了他的手。开始喜的爸爸以为他既然是盲人，应该是辨不清方向。可是事情不是这样，那个盲人要做爱。喜的爸爸惊慌失措，用不太流利的英语说："对不起，我要赶紧回去。"那盲人不肯。"五分钟，五分钟就够了。"他一边反复说着，一边就来拥抱他。喜的爸爸惶然逃跑，盲人朝着他的背影一个劲儿地喊着：

"五分钟，五分钟就够了！"

第一次受到同性骚扰的喜的爸爸，一整天里只是叹气。

上班时事情做得不好，很早就回家了。几天之后才知道，那个盲人公寓里，五分之四的人都是同性恋者。

现在纽约的某些地方同性恋者非常多。男人间搞同性恋叫作gay，是放任的意思；女人间搞同性恋叫作lesbian，就是女性同性之爱的意思。其中gay要更多些，也更暴露些。比如有gay餐馆，gay酒店，gay浴池等，街头到处都贴着标志。也许女同性恋也很多，但相比gay大都更隐蔽。因此，这个地方有一种风气，就是尽力让不是同性恋的人感到落伍。他们被同性恋者称为"不会拐弯儿的人"，这话是说你遵纪守法，但是不开窍儿。

这样，同性恋者越来越多，于是出现了被男人抢走丈夫的女人，和被女人抢走妻子的男人。男人与男人结婚的事司空见惯。前卫音乐家约翰·凯奇（John Cage）和前卫舞蹈家莫斯·肯宁汉（Merce Cunningham）的同性婚姻关系是众所周知的事情。

1988年，约翰·凯奇创作的音乐与我编的舞蹈一起表演之后，我和他们交了朋友，有了了解他们生活的机会。他们虽都是男性，却过着比异性婚姻更幸福美满的日子。双方恋爱时，都有一种很美好的感觉。从他们在艺术上配合默契、互帮互助的样子中可以看出，他们的关系十分和谐。

纽约是作家、艺术家、演员扎堆的地方。男性艺术家中百分之八十是同性恋者，我工作的环境，甚至我认识的男人都是同性恋。从哥伦比亚大学的教授到笑石舞蹈团的男演员，都是如此。他们之间有时会发生相当厉害的性嫉妒，对彼此的占有欲远远超出了我的想象。

我问他们为何要搞同性恋。他们毫不犹豫地坦然回答我，有的是出于天性，有的是为了方便，有的则因为好奇。还有人认为，这样可以摆脱为人父母的责任。他们不喜欢同时也喜欢异性的双性恋。

如果从旁观者的角度看，一定会觉得奇怪。但是走进那个世界之后，站在他们的立场，听到他们的心里话，就能理解他们的情感。我自己以前也曾对某个女伴产生过好像恋爱般的情感。我想，对于别人做的事情，如果我也处于同样的环境和动机，说不定我也会这样做。所以，对他们我无法做道德评判。我只知道，性向对他们自己来说是顺其自然的事情。

有一次，我参加了一个由几门学科的博士生组成的研讨会。会议第一天，有位女学者给我留下了很深的印象。在做自我介绍时，她首先介绍自己的名誉和专业，之后，她强调了她是一个同性恋者。我很纳闷，她为什么要那样强调呢？我一直想找个机会问问她。几天后研讨会快结束时，我才终于有了机会。

"请问，你为什么要强调那个事实呢？"

她回答道：

"我不认为这有什么可自豪的，但也绝不认为这有什么可羞耻的。我只是希望不要有什么隐藏。别人在做介绍时，不都要说已婚或未婚吗？我也和大家一样，只是提供一个很单纯的信息而已。我想，想躲避 lesbian 的人都需要这种信息。我喜欢交朋友，我不想看到他们得知这一信息后对我表示失望。"

这样的同性恋者大概会被认为是不健康不正常的人，但不能说他（她）是病态的。这是纽约这座大都市独特的交友方式。在责备他们之前，应该先考虑造成了这种状况的环境，以及从不教育人们去真爱的社会文化背景。

从开始高喊性解放到现在，已经过了漫长的时间。好长时间里，为了取得自由，以前人们努力增加异性对象的数量，如今我们对性别观念有了翻天覆地的变化。我不认为所谓的性自由性解放存在于表面的破坏中。问题应在于，每个人该认清什么样的性才是符合自己天性的；对性压抑的传统以及观念，自己是如何反省的，又是如何理直气壮地打破它们的束缚的。

我常常是为了现在而活着的。不是为了家庭的未来而活，也没有活在对以往生活的追怀和缠绵中。我总是活在当下的一个个瞬间里，对这些瞬间的选择，我不会后悔。过去，我曾无悔地活过，现在依然如此，不会有一件值得后悔的事情。对于性的感觉最灵敏的时期，我未及体验它就过去了。当然，抑制住对性的欲念，是须集中力量认真做到的事情。但是人生不就是为了种种的体验吗？享受性的美感，也是一种十分宝贵的人生体验。手指轻轻地抚摸全身，流过一种颤抖的敏锐的快感，这不是一生都会有的，这是自然赐给我们的短暂的福祉。我曾有过一段视野封闭的毫无觉醒意识的时期，在一种陈旧观念的统治下，我度过了青春时代。当我明白了这一切时，我的青春已经结束了。

在陌生和冷漠的纽约，我度过了后青春时代的大部分时光。这时我也同别人一样，对性产生了很多矛盾和问题。莫名的激情常常向我袭来，仿佛要吞没我，于是，我去练功房翻滚，跳跃，奔跑，为了摆脱那种激情，做我能做的各种剧烈动作。可是，当肉体累得瘫软如泥之后，仍有一种更大的饥渴煎熬着我。我想用禁欲主义来克服它，恪守住纯洁的自己，可无法解决的性冲动更执着，它牢牢地束缚了我，抓住了我。

我想自行解决关于性的问题，于是我参加了女人们的演讲、讨论和集会。我想了解西方女人对于性的观点，还想由此检验自己的认识水平。这时候，我听到了很多给我造成冲击的故事。可是这些冲击没有改变我，或许是因为我对于性的认识还停留在封建时代。

　　在纽约，"性与单身女人"的演讲会和讨论会曾持续了好几个星期。20世纪60年代后期，"男女平等，提高女权"的口号广泛传播。然而，人们高呼的平等，还处在很原始的状态，水平有限。其主要观点是女性不能被当作男人的性工具；性，不只是为使男人满足，而且应在男女平等的基础上一起享受……

　　爱和性当然是不一样的，但它们二者是有关系的。性能够建筑爱巢，而爱是最重要的。当人们真切地表达爱的时候，就会感到幸福。不管对象是什么，是神，是动物，是院子里种的花儿，还是形态奇异的石头，人们都有理由表达爱。因为在爱的瞬间，我们能证明我们生命的存在。这爱似乎来自神。

　　在纽约，到处都可以看到人们对于宠物过分着迷的样子。他们把小狗小猫当作孩子一样宠爱，裹在襁褓中背着它们走。要经常给它们洗澡，去美容院修剪它们身上的毛，给它们系上蝴蝶结或挂上项链。给它们吃非常精细的食物，将最鲜嫩的肉细细地切碎，再搭配各种调料或营养补剂，做好之后才给它们吃。主人自己却只吃一些最简单的食物。宠物享受的高营养和美味，他们自己却没有。谁还抱有传统的观点，以为狗是看家的，猫是抓老鼠的，谁就会在纽约显得可笑。

克兰顿是个很有才华的青年舞蹈家，他有一间很大的练功房。每逢周末，我们这些热衷舞蹈的人常常聚在他家里。有一天，我的脖子和肩膀很酸疼，麻烦克兰顿给我按摩。克兰顿用手按着掐着我的脖子和肩膀，然后他的猫过来了，在我身边转来转去，紧紧地盯着我，然后渐渐靠近我，在我面前"咪呜咪呜"地叫着。克兰顿说：

"你知道猫为什么这样子吗？因为它嫉妒了。要是我和别人比较亲近地坐在一起谈话，它一定要打搅，一直这样叫个不停。"

克兰顿一边说着，一边把那只猫抱起来，抚摸着，亲着。出于礼貌我也要对那猫表示一下关心，便和它亲近了一会儿。我对克兰顿说：

"它看起来有些胖了。"

"啊，最近我正在给它减肥。"

我只是随口一说，克兰顿却马上像是遇到了深刻问题而严肃起来了。他不断地说他对他的猫在吃食上是多么认真和细心。我觉得想让宠物成为胖瘦适中的苗条动物是理所当然的，但为此让它每天吃精纯的富含天然维生素的食品，却多少有些让人吃惊。现代人越来越关心自己天然食品的摄入量，但一只猫好像不值得那么高营养吧？有一天，我打算给这只猫买饼干当作礼物，可遇到难题了。因为高级的营养种类太多太多了，实在难以挑选。

刚到美国的时候，我四处打工，做过照管猫的活儿。有一户人家里有九只猫。我不能分辨它们，虽然它们都有各自的名字。猫主人是膝下无子女的犹太老夫妇，他们最热衷的就是谈论这些猫。这一只是什么嗜好，那一只又怎样淘气，等等。我的活儿除了喂它们，还要聆听老夫妇的谈天。

有一天，我给猫们喂饭时，看到厨房里有饼干，看起来很诱人，于是偷偷吃了一块，可是味道很奇怪。我仔细看一看商标，才知道那是给猫吃的饼干。已经嚼过的饼干不能吐出来，又怕被主人看到，只能勉强咽下去。于是感到真难为情，并且有些辛酸。

人是孤独的，天生渴望着爱，这是人的本能。如果找不到可以倾注爱的对象的话，人就会把爱倾注给动物。爱动物的时候，人对动物是不抱任何期望的，是无条件的爱。

也许是由于动物不会背叛，不会反抗，这种爱是彻底的。我不认为对动物倾注无条件的爱是不好的。但是这种无条件的爱，为什么不能存在于人与人之间呢？问题也许就在于，人与人之间的爱是不可能没有条件的。

纽约的前卫钢琴家玛格丽特·伦特昂出生于菲律宾，她在获得了博士学位之后，曾和我一道工作过几回。她的宠物是狗。她非常爱狗，以至于跟丈夫这样说：

"没有你，我仍能生活；但没有这狗，我可不能生活。"

她对狗的爱令人感动。她走在路上如果遇到别人的狗，一定要马上买了好吃的送给这只狗再离去。后来她真的离婚了，不是因为狗，但她确实永远离不开狗。

现在任教于韩国某大学的一位教授，以前在美国留学时和我一样是舞蹈系的穷学生。他打工的活儿是照管狗：每天十二点，要准时把狗带出去散步，同时让狗大小便，然后再带回公寓。狗的主人因为特别宠爱狗，所以反复挑选能把它们照管好的看护，经过好几回的面谈，最后才选择了他。他是一个老实肯干的人，好像一架机器，到了什么时间就做什么事。有一天，他骑的摩托车路上出了问题，所以迟到了十分钟。第二天狗主人对他说：

"你想没想过，如果是你的话，马上要大小便了，还得再忍十分钟，你能高兴吗？迟到对于我的狗来说是多么大的痛苦，你想到没有？我的狗是经过良好训练的，不准时在十二点大小便，会造成致命的伤害。"

他本来想请狗主人原谅，这时被噎得连嘴也张不开了。

"你被解雇了。因为你给我的狗带来了巨大的伤害，代价是从明天开始我换别人。"

这只是其中一例。他们对狗的宠爱到了无以复加的地步；但是对于人，却不留丝毫余地。想一想，对动物的爱怎么能如此地超过人呢？甚至达到足以让人嫉妒和愤怒的程度。然而我仍不想责怪他们。尽管对象是动物，可他们的爱心是纯粹的。只是很遗憾，他们的爱不能扩展到人身上。

听说即使是老虎也不会进犯心存爱意的人。实际上，有不少人住在猛兽出没的森林里，平安地度过了一生。这些人并非施了什么魔法，而是动物们的感觉有时比人更敏锐，动物能够凭感觉得知自己面临的敌意。凭感觉，它们能追踪相距很远的目不能及的敌人；凭感觉，它们会领悟充满爱心和善心的人。对于从不打算威胁自己的人，它们往往不去攻击。

我有过这方面的经历。在印度的街上有很多四处流浪的疯狗，所以总有一些意想不到的攻击，被疯狗咬死的人很多。如果遇上疯狗的进攻，那是非常可怕的。

到印度不久，我就遇到了一群疯狗。开始不知道从哪儿来的一只狗冲我狂吠，不大会儿工夫，一大群狗跑了过来。我想逃走，但非常困难。它们吼叫着，紧紧困住我，我无法动弹，我感觉它们马上就要扑过来了。我挪动了一下脚步，它们的反应更快，凶残地对我咆哮，露出了森寒的牙齿。我浑身发冷，极度恐怖。但突然间，我产生了一个念头，不要怕它们！也许是因为我对它们戒备、讨嫌，显出了拒斥和敌意，它们特有的敏锐感官才感觉到了这些吧。

我只好冒一下险。我放松了自己紧张的警戒之心，镇定地呼吸着，毫无防御之色。我默默地说：你们要咬死我，我没有任何抵抗，没关系的。我开始用爱的目光一只一只地看过去。过了一会儿，我感到我们之间的对峙状态有所缓解了，危险的气息渐渐弱下来。于是我轻轻哼着和平的歌子，同时用迟缓的动作向着远方轻轻划着美丽的线条。它们看着我，终于看出我没有任何攻击性，于是它们安静下来。我以爱的神情和泰然自若的步态慢慢开始走，它们在后面跟着，跟了几米之后，便不再跟了。

后来我还是常常碰到狗，每次都是用这种方式来面对狗，不知是否因为这个，我一次也没有被咬过。

爱的伟大与神奇，也可以用生长中的植物来证明。两株同样的植物，在同样的条件下一同生长，对其中一株讲喜爱的话，不断地抚摸它，它会比另外一株长得好。

我们每天在生活中寻找爱，还学着施爱于人。圣贤者教诲我们，施爱于人是比施舍金钱与权力更有意义的事情。可是也有一种自我封闭的人，他施爱于人却没有得到过回报，因此失望，不再去爱人了。有人用爱去接近他，他却感到紧张和恐怖。有一种人，时时担心爱的输赢。当一种来自内心的爱转移到大脑时，不知不觉只剩下了算计和防御。对这样的人，真希望他能敞开胸怀，静静地听那涌自心间的爱扩散到全身，那是世上任何东西也无法换取的宝贵体验。

爱，是对对方什么也不索取。当你的爱人在自由选择自己想做的事时，给他鼓励和祝愿，这就是爱。丈夫把妻子，父母把孩子，老师把学生用爱束缚了，那不是爱，只是自己的贪心而已。我们常常把嫉妒和占有欲当作爱，然后用这爱使对方受到压力和束缚。

人的爱是有条件的，一旦没了条件，爱也会随之消失。甚至在父母和孩子之间，也不乏这样的例子。

"这样做就是好孩子，那样做就是坏孩子。"

人对因自己而诞生的孩子，总是用有条件的爱对待他；还有很多人为了老有所依才开始抚养孩子。这都不是纯粹的爱。为了保护自己，从而抚养一个自己的所属物，这怎么能说是爱呢？不是为了尊重和爱，而是为了实现自己未完成的理想或遗恨，这不是一件恼人的事儿吗？是的，那种只服务于自我目的的东西，绝对不是爱。孩子的出生，应该来源于爱；孩子的成长过程中应该充满了爱，这才是最充分的爱。

我们生命的本源出自爱。我们存在的实质就是爱。当我们自身充满爱的时候，我们才能施爱于人。常怀厌恶之心的人，只能以厌恶来对待他人。

旅行中的人常常要向人问路。从指路人的手指头上，我能看出有时带有爱，有时带有憎恶，有时则漠不关心。漠不关心的人的手指，不知指的是什么地方；怀着憎恶之心的人的手指，常常指向相反的地方；可充满了爱心的人，他的手指常常十分准确地指示了你要找的方向。

如果没有爱，我们将在人生之旅中永远徘徊不定。

『紧』衣华服，一种束缚

· · · · ·

应该尽可能以最低标准的饮食和最简单朴素的穿戴来满足自己的生活。因为内心充实的人不需要从外部寻求太多东西。安于简朴，生活如常的人，他的物质奢求会渐渐消失，他的其他欲望也会渐渐消失。这不就是一个人一步步走向自由的路吗？

我的汽车终于报废了。

　　在火山口这里，没有汽车就无法购物，甚至连信件也取不到。于是两年前我下决心买了一部旧车，恰好汽车标志的地方有个小凹坑，所以我也就不知道这是什么牌子的汽车了。在此以前，我对汽车一无所知。别人告诉我，这车是美国道奇车，我就将它认作道奇。对这部老爷车我很陌生，只知道它出厂多年，勉强可以用。反正它加油之后可以开起来，将我带去我想去的地方。

　　听到轰轰轰的喧闹声，我看向窗外，老太太本开着我那辆绿色的旧车进了院子。这汽车声响极大，慢慢腾腾，好像爬一般开到了屋子跟前。我走出屋子迎接本。她疲惫地下了车，倚住车头，对我说：

　　"我说过，希望我的寿命比这辆车的寿命长。你看现在果然如此。"

　　当初我以三百美元的便宜价买了这部车，它为我热心服务了一段时间，终于发生了致命的大故障。虽然它不过是部旧汽车，但我还是很惋惜，不禁想起了有关它的一些事。

经常帮助我的本总是开着这辆车子，到二十里远的邮政局或食品店去。有时是本一个人，有时是我俩一起。

在去往城里的公路上，常常会遇到交通警察。在美国，开车要受到很严格的检查，首先要看你是否系了安全带。可是这部旧车的安全带松了，上端用来固定安全带的地方已经脱落了，只好勉强捆扎在车窗上面的把手上。下端的固定挂钩也脱落了。如果遇上了交通警察，我就抓住系安全带的把手，装个样子。他们并不过来仔细检查下端的情况，但他们常常显出吃惊的表情，意思是这样老旧的车子怎么能开呢？我们摇手和警察告别，泰然自若地将车子从他们眼前开过去。

有一回，一个交通警察面容很严肃地命令我把车子停下。我担心安全带不符合要求，哪知问题并不在这里。

"我求求你，别让我再看到这辆车了，行不行？"

我们每次停车下来的样子一定很可笑。驾驶员的位置上一般坐着本，我坐在她身旁。下车时，本首先下车，我等她过来开我这边的门。看起来我像是在等着她很恭敬地为我开门，其实是因为我这边的车门无论如何也不能从里面打开。而我这边的小车窗，想要自由升降也不行，一旦升好了一定位置便不要再降它，一旦降好了一定位置便不要再升它。这车窗还无论如何也关不紧。幸亏这里四季如夏，不用担心会有寒冷的风袭来，但常常会在大雨中挨淋。雨水从窗口打到脸上倒也十分快乐。

一次在加油站加油，加油站的工人对我说：

"这辆车子和车主人很适合，就是推进博物馆，也是一辆别具风采的车。现在在道儿上看到它，我都为它感到光荣。"

这位工人为这辆车检查得很细致，然后亲切地拍拍它，竖起了大拇指：

"很棒！只要这世界石油不枯竭，它还能再开上个十年。"

没想到他说了一句空话。

现在这辆车已经不能再开了，要是开的话，不仅声音奇大，速度奇慢，只能一寸一寸往前爬，车上所有的重要零件全都坏了，因为年头太长了。这附近也找不到可以替换的新零件。于是，我只能把它停在我的前院里了。

几天后，我要离开此处，就只能求助于别人了。

我之所以如此是因为我太不宽裕了。我的很多东西都很破旧。家具不多也没有太好的，都是在处理废旧物品的地方买到的。我的衣裳、鞋、被褥和碗，大部分都是这样来的。尽管如此，我心情依然很愉悦。

我喜欢将整齐的衣服松松垮垮地穿在身上。这使我感到适意，自在。我几乎没买过新衣服，因为从小就很简朴。在家里我是倒数第二小的，从小就不记得买过什么很好很新的衣服。我并不感到穿旧衣服难看。旧衣服不需要熨，也不需要讲究，对我来说是再好不过的。

偶尔一定要买新衣服时，是因为有颁奖仪式等活动，迫不得已。1990年我被授予中央文化大奖，听说这是第一次有舞蹈家获此殊荣。我还是想和平时一样去领奖，但身边的人都指责我，说这是文化部长官、文化界名人及新闻记者都会参加的颁奖典礼，你再如平常一样穿着，人家会感觉受到侮辱的。我觉得事情有点严重，于是在距离颁奖仪式开始前的一两个小时，匆匆忙忙赶到服装店买了一套新衣服去会场。衣服虽然崭新，但是又大又长，穿上后我感到很不自在，举止都有些不正常。颁奖仪式结束之后，我马上去卫生间换了旧衣服出来。没办法，我不习惯。

最难办的事情是别人送给我新衣服。因为是礼物，所以那些衣服看上去都很华丽，并且是必须搭配着穿的套装。我觉得太不方便了。有一回在美国见我的舞迷，一个男士送给我一件包装得很美丽的礼物，他说：

"这是日本一位非常知名的服装设计师设计的衣服，我觉得它和你很相配。"

接受时，我觉得它对我来说是个负担，回家打开一看，还真是个大负担。衣服虽是日式风格，但设计过于华丽，而且样式很时髦，看上去很贵重很气派，太不适合我了。适合我的，总是那些人们早已不大穿了的平常衣服。但是人家送你礼物，是一片诚意，希望你高高兴兴地穿它。怎么办呢？我一直勉强不了自己。几年以后，一个朋友来，竟很喜欢这件衣服，我便送给她了。对那个送我礼物的人，我也只有暗暗表示道歉了。

新衣服如果能够宽松一些，我还是穿的。我觉得穿着宽松的衣服，皮肤的毛孔都会感到伸展和自由，而且能够切近地感受到风、气温和新鲜空气。

穿鞋子也是一样。

我有一双穿了二十年的鞋子。这双鞋本来是同事的，样子好像砂锅似的蠢笨，可是非常结实，它常常让我想起故乡。它是那么宽大，穿上之后脚可以自由自在地活动，所以我就买下了它。此后我一直穿着它，因为它不仅结实，而且很舒服。在印度的时候，我大部分时间都打赤脚，不打赤脚时，便穿着这双鞋走来走去。这双鞋后来又修理过几次，直到实在不能再穿了，我才把它扔掉。

那双鞋比我的脚要大很多。每当我匆匆跑起来时，它就会掉。可是更多时候，我的脚能在里面自由活动。不论是坐着等车子，还是走路，脚指头可以在鞋子里面做操，紧缩再放松等各个动作都可以。实在是又凉快又舒适。

不是真正的舞蹈家不会理解保持好脚趾的节拍感是多么重要。

现在那双穿了二十年的鞋子已经没有了，但我穿鞋一定要穿大鞋的习惯仍没有改变。

谁知道我这样的穿戴帅不帅，但我确实很自在，感到不受束缚。身边的人常常带着惊诧的神色问我为什么这么穿衣穿鞋。他们感到我不可理解，我倒觉得他们不可理解。他们总是穿着紧巴巴的衣服，瘦尖的鞋子，不是很令人奇怪吗？穿西服时，一定要打上勒紧了脖子的领带，尤其是那种脚踩高跟鞋身着迷你裙的样子更使我心中生奇，怎么看都觉得憋闷、难受。

有位一向很关心我生活的长者，问我为什么要这么独特，为什么放着九十九个人都在走的那条路不走，非要一个人辛辛苦苦地走另一条路。我想，如果我和别人一样穿戴、打扮，我是变正常了，但对别人有什么太大的帮助吗？我没办法改变自己了，也不想徒劳无益地为难自己，尤其不想跟在别人后面一招一式地学走路。

历史上，有不少圣人和哲学家，他们甚至被人钉死在十字架上，他们只是走了自己所信仰的正确的道路。我自然比不上他们。我的损失无非是受到一些歧视而已，没有非要我屈服的理由。因害怕被人歧视而妥协的人，以后会知道自己不是为了自己的原则而活，而是为了别人而活，这难道不空虚与悲哀吗？

做什么都要先看看别人，要和别人一样，这是一种固有的观念。但所谓的正常如果脱离了实际便不正常。如果我们被观念束缚着，就永远也打不开通往真实的大门。"可以像别人那样做，也可以像我这样做"，这样想问题的人，大约是能摆脱阴影走出一条光明之路的求道者或苦行者。

超脱是什么？很多人对此抱有不同的观念与看法。其实，超脱就是破坏固有的观念。不管怎么说，要达到这样的状态很不容易，因为那是一条首先要自我摆脱的特立独行的路。

从本心说，我希望穿着简单再简单。我甚至体验过不穿衣服的生活是多么自由和自然。

1967 年，我刚到美国不久，和我住在一起的泰安提议说：

"过两天我到裸体村去，你要一块儿去吗？"

"你是说裸体村？"

"没错，裸体村。"

我以前虽听说过有这么个村子，也感到好奇，但没有想过要去，所以没有马上答应泰安。看我虽然好奇但是很犹豫的样子，泰安说：

"没什么大惊小怪的，只不过是个休养的地方而已。那儿有餐馆、游泳场，还有排球场，具备所有的服务项目。不过，大家都是裸体。"

"也有男人？"

"当然有。"

"我很害怕……"

"怕什么？你不去我就自己去了，还是一道去吧？"

这个时候我已经二十七岁，完全想象不出在男人面前裸露身体的景象，裸体见人，这简直是犯罪。我心里很害怕，越是想到要在众人面前袒露身体就越害怕。但是，想去看看并且体验一番的强烈愿望又像烟一样冒出来。仔细想想，来美国之后，不是应该想做什么就做什么吗？难道这一次要打退堂鼓？

我深深呼出一口气，鼓足勇气，同意了。

从纽约坐火车三四个小时便可到达裸体村。我们乘泰安的车子前往。亲眼所见的冲击果然比想象的还厉害。确如泰安所说，这里是一处很大的设施齐全的休养地。无论男女老少，胖子还是瘦子，一律都裸着走来走去，竟然还能很自然地谈话、喝饮料，笑语喧哗。让人感觉好生奇特。

我也能和他们一样自由自在地行动吗？

万事开头难，第一次将衣裳脱掉的一刹那，需要很大的勇气。进入裸体世界之前要通过一处浴室，我们要在那里脱下衣服放进筐里。尽管天气很暖和，我拎着我的衣服筐时还是感到了一股寒气。

我想把自己隐藏起来，又发现无处可藏。所以我踌躇不决站在那里，不自觉地注意着自己最不自信的身体部位，以为人们的目光都聚焦在那里，一动也不敢动。一段时间过去了，我才知道人们并没有注视着我，他们都在随心所欲地自由行动。我明白我应该和他们一样感到自由，可脑子里又有太多杂念，甚至还有一丝认为这是不道德的想法。此时我突然意识到，我对身体的过分在意，实在是不像话。

不论是在什么地方，餐厅、游泳场，还是排球场，人们通通一丝不挂，裸着参加各种各样的活动。女人一般都会很注意自己的体形，是否太胖、太瘦，或者肚子太大。但在这里，她们的神色却仿佛谁也不在意似的。

过了一会儿，我渐渐适应了这里。我把这里看作人工造就的森林。在这森林中有大树、小树，有的壮硕，有的细秀。对森林当中的一棵树，身体的某一个部分，有必要饶有兴味地审视吗？都是自然而已。我感到有些自由了。

以前，我常常留意自己身上令人不愉快的地方，不敢在别人面前暴露它，这种遮遮掩掩的生活，现在想来觉得可笑。似乎过去有什么人欺骗了我，使我过得不真实。此时，终于要抛却旧有的想法，鼓起勇气，和大家一道尽情欢乐了。我在那里住了一个星期，算得上是一次愉快的体验。

离开那里的前一天，泰安问我感觉如何。我对她劝我一起来此地表达了充分的感谢之意。

一周后离开裸体村时，我拿回了自己的衣服，当时还以为这衣服不是我的，甚至不想去摸它们。心里有一种抵触的情绪，为什么要穿这些衣服呢？

但是从这里出去，裸体走来走去的话，是要被警察抓起来的。刚穿上衣服时，真有一种变成奴隶被人拖来拖去的感觉，心境非常忧郁。我有生以来第一次感到穿衣服远比脱衣服更难受，举手投足都感到衣服与皮肤的接触是如此别扭。

乘车回来时，看到到处都是穿着衣服走来走去的人们，也有一种奇怪的感觉，好像人到了月宫似的。觉得别人穿着衣服很奇怪，看看自己，却也穿着衣服。开始的几小时里很不适应，慢慢才意识到这里已经不是裸体村了。我又进入了另一种人造的森林，这里的树干都缠了衣裳，红色的衬衫，紫色的衬衫，看上去很好笑。衣裳，真是一种太陌生太不自由的东西。

我那时想，人的灵魂如果还要进化的话，可能终究是要脱掉衣服的。从某种意义上来说，人类敢于脱掉衣服，才可以达到灵魂的进步。不穿衣服时，人们就不会装腔作势，也不会说谎话了，因为人们这时已经懂得什么才是应该被轻视的。

现在回想起来，当初去裸体村是一次很有益的体验。那时若是没去，今天也会去的。通过那次体验，我明白人们外在的东西是另一种存在，与己无关，从而懂得了什么是真实、自然和自由。我想，不穿衣服的生活是最好的生活。即使穿，也要穿得简便舒适。

简便是为了方便，烦琐会造成不便。我曾经拜访过一个日本人的家庭，他们家门口摆放了各种用途的鞋子，有户外鞋、客厅鞋、房间鞋、浴室鞋等等。动不动就要换一次鞋，又麻烦又费力，于是很容易出差错。我从卫生间出来，发现主人的目光紧紧盯着我的脚。原来我忘了将在浴室穿的鞋换成在客厅里穿的鞋。那一天，似乎所有时间都用在换鞋上了。我很不愉快，所以一心想要早早逃走。

有些人的家一尘不染，他们在没完没了的整理再整理之中生活。我不喜欢这样，也很难这样生活。因为我无法把整理家务作为生活中的一大内容。我天性不爱这样做。

很多人都说我长得像父亲。不错，不仅是模样，其他方面我也很像父亲。父亲喜欢坐在一个地方思考问题，一坐就是几小时，我也如此。于是妈妈说我们：

"看你们父女俩像对石佛似的坐着，真让人受不了。"

所以家里人老说我是一个十足的懒人。我想我确实不是一个勤快人。好几次，母亲让我打扫房子，父亲就反对。因为懒，有时周围是显得乱些，可我觉得心里很平静。

我现在的住所，常常杂乱地放着衣服、笔、纸或者食物，有时甚至都无从下脚，于是只好不断地用脚推开东西。如果有人前来参观，会认为这里真是个鬼地方。但我对此却无所谓，我真舍不得为此花时间费脑筋。

衣服鞋子的作用是保护身体。如果我们穿衣的时候忽视了这最基本的功能，那就只是为了装饰。为了装饰而束缚自己的身体，就会变成伪饰。伪饰是离本质甚远的。

我们每见一个人，过后回想时，总会想起他的衣服，然而他的样子往往是模糊的，这真是令人不满意。因为穿得过于漂亮，过于引人注意，反而掩饰了其本来面目。

女人化妆也是如此。如果妆容自然，让人很难觉察，那看起来还是比较舒服的；但如果过分化妆而变成另外一个人，那就令人厌恶了。

关于女人化妆，我不能坚持己见，但我还是认为不化妆为好。为了美丽而费工夫，那工夫也太大了。时间耗费得多，过程也相当麻烦，程序烦琐得很。虽然不化妆不大好看，但可以节省很多精力。所以即使是上台表演，我也只淡淡上一点必要的妆，除此之外不再劳神打扮。

不过有一次，我非常想化妆。

以前母亲很不满意我不化妆。她总说："千万要打扮，要穿漂亮衣服，内衣也要勤换，这样才和别人一样，我才看着舒服。"

母亲喜欢这么说，总是拉着我的手去给我买化妆品和衣服。由于我长时间生活在国外，留下母亲一人在家乡，我总是心怀负疚，不过母亲并不抱怨我。临到母女分别时，母亲总要送我很远很远。在我结婚前一年，母亲去世了。那时，为了多看一眼临终垂危的母亲，我一直守在她身边。她始终紧闭双眼。九天之后，昏迷的母亲睁开眼睛，最后看了一眼这尘世，便永远地离去了。我用手帮她合上眼睛，这好像是我唯一能为死去的母亲做的事情。

举行丧礼那天，我突然想起来，该化一下妆再来送别母亲的灵柩。这样的话，母亲也许能高兴地离开这个尘世。可我怎能在家人全都极度伤心的场合打扮自己呢？于是只用了母亲平常用的简单化妆品抹了抹自己的脸。

自由的生活应该是无须打扮、无须伪饰的生活。如果能将真实面目袒露无遗，人便获得了自由。本来，人一诞生便是毫无伪饰的，后天的教导使人学会了伪饰。我生长的环境曾经压制了我的天性，后来我努力摆脱，恢复了自己的天性，我才对自己任何时候的样子都不感到害羞。要是总掩饰，是多么可笑和无益。应该毫不犹豫地抛弃这种习惯，只求真实与自由。

坚持伪饰的生活，或严格按照一种规格来做事太累了，应该抛弃那些约束、那些规矩，放松地生活。我知道别人对我的生活状态也是认可的，不觉得有什么好奇怪的。

常听到人家说，和我在一起时心情舒畅。其实我没有特意对谁好，不过是以本色待人。在自然的情形下，别人大概会觉得舒服。尤其是当我完全没有障碍，完全解除武装时，别人便毫无理由感到不安。

我一直都很少吃肉，小时候曾羡慕那些经常吃肉的家庭。来到以肉食为主的美国之后，却又不想吃肉了。开始是觉得吃肉容易发胖，于是决意不吃。尤其在 20 世纪 70 年代初，我一门心思关注冥想问题，自然也就讨厌肉食，觉得咀嚼肉时的感觉不好。后来，为了舞蹈要认真地强化体能，因此需要吃肉，但不常吃它也没带来什么不好的影响。吃蔬菜和谷物，同样能让我得到充足的营养。

现在我变成了完全的素食主义者，决定性的因素可能是因为我在尼泊尔加德满都一个很小的圣典上目睹了一个仪式。那是一种用牛来祭祀的仪式，方式极为残忍。

黎明时分，人们牵了一头牛来到圣殿的前院，用尖刀剖开牛的咽喉，然后挑出动脉血管，将血管擒住，像捏住消防队水龙头那样向祭坛挥洒，强有力的血柱在空中横飞。三十分钟左右，牛便失去了原来健壮的样子，力气渐渐耗尽了，踉跄一会儿终于摔倒在地。它虽躺倒在地，身体却还在抽动着。祭坛被鲜血染成了红色。人们在红色祭坛周围狂热地唱念颂歌，演奏音乐。据说在 20 世纪 50 年代，人们是用人来举行这种仪式的。我并未感受到这仪式的神圣含义，只感到人们是如此的残忍和野蛮，并把残忍和野蛮当作乐趣。从此以后，每当我看到肉，便会想到那个血淋淋的场面，立刻会掉开头不吃它。

为了食肉，人们的行为有时很过分，这也是我在尼泊尔目睹的。在一个山谷中，人们大规模地屠宰家畜。上百人牵着牛、羊、鸡、兔等家畜，来这里排队等候。据说，这是一年当中仅有的一个圣日，每户人家都要在这个圣日献出一只家畜。这仅仅是一个形式，因为那只家畜被杀之后，仍由原来的主人带回去食用。结果这个残忍的形式，就成了吃肉的借口，于是便不断继续这种毫无意义的杀伤行动。

听说最近人们为使牛、猪、鸡等家畜快速生长，又给它们注射了生长激素，使它们快速发育繁殖。吃了这些肉长大的孩子们，因此加速成熟，刚刚九岁的女孩子便发育了乳房，有了月经。特别是美国和墨西哥等食肉普遍的国家，这样的女孩子屡见不鲜。

在韩国，用肉招待客人是最好的礼仪。我的一个朋友不了解我是素食者，因此用肉食招待我，让我很为难。我一向以为点一两个菜，把它们全吃掉才是最合适的，可我不得不剩下肉菜。

1989年秋天，我的笑石舞蹈团首次被中国政府邀请，去北京、天津演出。那是在一个宴会上，一位先生坐在我身边，他不断帮我夹菜，把我照顾得很周到。但他给我夹的菜全部是肉食，我一筷子没动，他看出来了，问我：

"你是素食主义者吗？啊，你肯定会长寿。我的朋友也是素食主义者，他很健康。"

我一个人生活的时候，几乎只吃糙米饭，有菜便吃上一点，没有便不吃，经常用酱油或芝麻、盐就着吃。所以，在吃饭上，我一向没什么开销。

人一生能吃进去的食物总是有限的，没有胃口特别大的特殊之人。在胃口方面，人是很平等的。可是有的人却要赋予一顿饭很大的意义，为了寻到一种好吃的，为了吃得豪华，要去很远的地方。我不以为然。一碗糙米饭对我来说，已经基本满足了。它可以填饱肚子，可以让人产生力量去创造有意义的人生。

人因为要穿，要吃，便会产生很多欲望。人如果不穿衣服、不吃东西也能生活，所奢望的东西应该会减少吧。虽然这是不可能的，但减少欲望是可能的。应该尽可能以最低标准的饮食和最简单朴素的穿戴来满足自己的生活。因为内心充实的人不需要从外部寻求太多东西。安于简朴，生活如常的人，他的物质奢求会渐渐消失，他的其他欲望也会渐渐消失。这不就是一个人一步步走向自由的路吗？

자유를
위한 변명

拜
自
然
为
师

······

当我不断地凝望天空时，微风摇动着的树和草也能够觉察。我便是如此深入于自然之内的孩子。我可以离开世上所有的老师，而且必须要离开，但是，我不可以离开这绝对的老师——自然。

完全的折服是世上真正美丽和贵重的东西。在老师马哈拉吉那里，我找到了它们。在马哈拉吉面前，我彻底袒露了自我，发现自己的知识如此贫乏。我曾在现实当中倾尽全力去撞击，但被撞得几近粉碎。现在我打算放弃一切徒劳无益的想法，只是向马哈拉吉恭敬地低首。

"你来我这里吧。"

这句简短的话打开了我的心扉，我感到自己正在进入他庞大的精神世界。在这里我可以疗愈自己。虽然他并没给我任何许诺和约定，也不会发生什么奇迹，可我毫无疑惑、毫无顾忌。

我们各自处于什么境界不重要，重要的是我完全折服于他。折服，是美妙的，不管对象是谁——是老师，还是大自然，是石头、野花和树——折服于它们都会让人感觉美妙无比。

马哈拉吉，如果没有他，我可能还在喜马拉雅山的洞穴里呢。马哈拉吉在夹层阁楼里度过了一生，他并不羡慕世人拥有的一切。从他的身上，我感到宇宙和真理的博大与神秘。

我多么想像老师那样生活在这世上，完全不在乎虚妄的荣誉，完全不在乎种种名分。

经过私娼村，我来到马哈拉吉的住所，住所附近有一个喧闹的集贸市场，他就住在矮矮的屋子当中，接待来自印度以及世界各地渴求真理的求道者们。众人穿过闹市来到他窄小的阁楼，市场里的人们都以疑惑不解的目光看着，为何有如此多的外人来寻访马哈拉吉，他们浑然不知。

马哈拉吉从来不问寻访者是什么人，来自何方，对人们请教的一些深奥问题，他的回答毫不迟疑，而且非常绝对。

来见马哈拉吉的人大部分和我差不多，都是经过一两位老师的传授之后再来求教的。每天，我都要到那个小得像衣柜一般的阁楼见他。他向我讲一些道理，但有时我们会激烈地争论。我承认我常常不完全理解。有一天，马哈拉吉终于对我说：

"你现在离开这里吧。做一个在大街上跳舞的艺人，或者一个普普通通的女人。不论选择哪一种都是可以的。因为你已经知晓，人生如同幻影。去吧，去甘地陵河边做一个艺人，你和所有的人没有什么差别，你想做什么就去做什么吧。"

这一天，马哈拉吉外出散步的时候，我走过去与他一起。每天这个时候，他都要散步四百米。我请他喝茶，在一个非常简朴的茶馆里，我们坐了下来，相对无言，默然喝着杯中的茶水。喝完之后，我们站起来，像往常一样平静地分手了。

我本来并不信仰宗教，但是有一段时间我对宗教有所关注。我认真研读经典，与宗教教义对话，上教堂或寺庙观览，但没有走到真正虔信的地步，顶多是在宗教的大门口徘徊。我之所以不能信仰宗教，是因为选择了这个便要否定另一个。

我在首尔时，有一回去药房里买药，遇到了一个前来化缘的和尚。药房的老板马上叫了起来：

"我信耶稣！"

他惊讶于一个和尚怎敢到他这里来化缘。他的敌对态度使和尚也吃了一惊，一双眼睛瞪得大大的，好像自己做了极大的错事，立即敲着手里的木鱼转身离去了。

我同别人讲了这件事，别人说没什么新鲜的，这样的事太多了。我很不理解。问题出在宗教影响了人的思想、行为，以及相互间的关系。

信教与追随老师相比，有很大的差别。老师与学生之间是可以相互信任的。不管什么时候，你都可以去找老师，学成归来时，也不必有什么负罪感和必须向神忏悔的企望。

我在印度有一次听克里希那穆提的讲座。他的主张是不需要宗教和老师，因为任何人都可以从自己身上找到问题的答案，而信这个教或信那个教，追随这位老师或那位老师，都是无关紧要的。你只需从自己身上来挖掘你的知识与见识。

我想，克里希那穆提是对的。一切的问题，其最终答案应该来自你的内心。然而在顿悟之前，是免不了要求得宗教和老师的帮助的。在顿悟之后，除了自己的头脑自己的心，其他都是不真实的。而这时候，宗教也好，老师也好，就都该抛弃了。

我去找马哈拉吉时，对于神是否存在，我迫切地想知道答案。记得马哈拉吉这样说：

"你说某个刹那你不知道何为存在，但一个十分清楚的事实是你相信你的存在。你可以祈祷神，但你看不到它。"

"我好像看到过神。"

"不要说好像。你无法证明神的存在。在某个怀疑的刹那，你分明感受到你存在着，这是事实。而你所谓的看到过神，只是你对外界反应的感觉而已。如果你没有'我存在着'的意识的话，你对任何事，便无所谓知无所谓在了。

所有的事实都是依靠你存在的意识而存在，也就是说，世界是你存在意识的反应而已。没有意识，便没有理解世界的能力，那时神自然不存在。说神存在，是说神是心灵反应的一种观念。"

"那么你说不存在神吗？"

"没有一般人所谓的神。那是存在的意识自己所获得的经验。每个人都有一个关于神的解释：庇护宇宙的真正实体只有一个，不可能有很多个，也不会常常变化；只有一个唯一的本质体，它目睹宇宙的所有变化，但它自己不变化，它的表现便是神。"

"表现着神的东西怎么会被看到呢？"

"它没有形象，作为纯粹的实体，它不能被语言或者线条描绘出来，我们只能通过否定得到它的暗示。就是说，否定它之外的一切东西，然后，就只剩下了它。"

我和马哈拉吉的问答，无止无歇。往往一天的问答结束之后，我要长时间地在海边散步或在潺潺的河边静坐。我以凝视神的心情看着晚霞在西边的天空降落，很晚很晚才回家去。我躺在充满热气的小小房间里，等待着黎明。天亮以后，继续向马哈拉吉请教昨天的问题。

"想一想呼吸吧。它延长我们的生命，纯洁我们的身体，通过呼吸我们感觉到自己的存在。也就是说，呼吸使人意识到了'我'。相反，失掉了呼吸，人便不再意识到'我'。理解了呼吸的意义之后我们才认识到这一点。求得所有知识的目的是要了解神，但要记住，神是一种俗称，一切须在了解了'我存在的意识'之后。"

"神存在于语言之后？"

"你要理喻你自己，你需要'我存在的意识'的体验。"

"可是，用语言追求所有的东西，结果必定为语言所愚弄。"

我和马哈拉吉进行了激烈的争论。现在想来，当时争论的大部分内容已经记不清楚了，只留下了一个关于体验的深刻的印象。有一天我做了一个梦，虽然只是一个梦，但这梦好像是我一生中一次非常感人的体验。

我梦见很多人一起仰视着一座巨大的高不可测的山峰。我像一个渺小的黑点儿夹在人群当中。我们脚下是幽深的峡谷和湍急的河水。我们眼前还有数万座山峰，它们连绵不绝，像熟睡的狮子一样躺在那里。每座山看起来都像一块巨大冰冷的岩石。我们聚集在山脚下，内心充满了莫名其妙的不安与焦灼，好像在等着最后的审判一样，忐忑不安，无所适从。过了很久很久，那由群山组成的熟睡的狮群慢慢苏醒了，它们起身了，动作越来越大，越来越猛烈，终于，它们放声咆哮，声裂长空，一种更猛烈的动作纷至沓来。在巨狮的脚下，我们像被什么所驱使着，匍匐在它的面前高声地呼喊。这呼喊声和天宇间的巨响凝聚在一起，形成了莫大的恳求的呼唤。于是我们强烈地感到旧的世界要结束，新的寰宇要来临了。就在这最后的紧张的一刹那，我醒了过来。

时已黎明，我惊诧万分，一段时间内什么都无法思考。我感觉如果在那一刹那依旧沉睡的话，那个生动的梦便永远不会被打破。

无论如何，这只是一个梦，但我的心情受到了强烈的冲击。我呆愣地坐在那里迎接早晨的到来，只觉得这个梦改变了我。虽然我尚不能以理性的头脑来理解它，但是我的心接受了它。

朝阳穿透我的房间，洒进来大片阳光。我慢慢趴下来，向阳光膜拜，向房间的地板膜拜，向墙壁膜拜，向窗外的世界膜拜。这还远远不够，我又走出屋去，向着土地，向着天空，向着初升的太阳，向着路边的花草、石头，向着跑来跑去地玩耍着的孩子膜拜。我心无所系，什么也不去想，任由内心想向万物朝拜的情感发酵。不知是什么原因、什么力量在驱使我，我只是一次次做着诚恳的膜拜。

从这之后，我改变了自己。我处在一种莫名的状态中，充满了怅然和郁闷。我意识到，在浩大的世界里我是多么微弱渺小，多么无关紧要。我的意识开始模糊不清了，不能确认我是否存在。我曾经通过苦行发现真我的存在，以为这就是我一直寻求的答案。可现如今，我好像又被迷雾所笼罩，处于不能分辨事物存在的混沌状态中了。

第一个看出我变化的人，是马哈拉吉。我没有告诉他我的梦，但他从我们之间持续不断的对话中听了出来。

"我知道为了获得对神的认识，首先要超脱自己。在某个刹那，我获得了'我存在'的这一意识，可是之后对自己更加惘然了。"

"行了！"

"行了？"

"是的。开始的时候，浪花只知道自己是浪花，可在认识到自己只是大海之中的一朵小小浪花的那一刹那，它便感觉了和巨大海洋一起的滚滚流动。"

"那么怅惘的感觉呢？"

"是谁在感觉？"

"我。"

"你是那肥沃的土地，很多草木在你之上生长出来，你对它们不存在责任，在你身上生长的草木死亡了，你却像大地一样留下来。"

"我想知道怎样对待怅惘。"

"不要去管它，但要观察它。经受过考验的人都知道，体验产生之后会立即消失。你是自己体验所有感觉之后获得超脱的目击者。"

眼前的迷雾渐渐消散了。那时，我的心情是"无限静虚"。对于这种心情，我的头脑尚不能理解它，但是承认它。这之后的一天，我带着淡淡的笑容又来了。马哈拉吉默默地看着我笑。我想这次的见面可以超越语言了。

"你到我这里之后没有学到什么新东西。"

"是的，我没有学到新东西。"

"我不教新的，只是用一把熨斗来熨平你起了皱纹的观念！也许，我把神的观念当作熨斗来使用了。你出去到外面的世界，可不要因此说神是一把熨斗。"

如今有人来问我是否信神，我有两种回答，可以说信，也可以说不信。这是意识表现的问题。如同回答神是否存在一样，可以说存在，也可以说不存在。

神不是一个坐在天堂的空椅上的有形存在，因此不是一个可以被拥戴被膜拜的对象。用人的五官感觉，不能够把握他，因而我们也就不能用语言来描述他。因为语言之根本，仍是五官之感觉。只有脱离了五官感觉的状态，以纯粹的意识或者特别的方式方法，才有可能感到他。神存在于人的内心里，同时又存在于人身之外，在万物之中流转。如若一定要描述他，那么神是存在的世界之全体。

总会有感觉到神在的一刹那。跳舞时，深入冥想时，身处荒旷的大自然时，我都会感到神的存在。我所说的感觉到神在的一刹那，就是处在了无我的状态、狂喜的状态、自由的状态。

使我发生改变的，起决定作用的是那一天的梦。

我认为梦不是凭空产生的。在与马哈拉吉见面时，在我们无止无歇的问答中，我的意识不知不觉地慢慢地苏醒过来，并逐渐扩充，从而打下了梦之基础。如果离开了这种状态，那个梦只可以解释为是因为某种虚脱，或者某种恐惧。

离开印度之后，我去了耶路撒冷，在那里我也产生了如同梦境般的感觉。身为血肉之躯的我，这时敞开心扉，袒露心灵，有一种神即父母的感觉。一切是如此自然，群山神圣、庄重的形貌中散发出静默的气息，形成了一种笼罩四方的孤独感。神的力量充满全身，神的暗示使我抛弃了自我。

想要达到超脱的路途有很多。犹如登山一般，可以登一条原有的路，也可以登一条崭新的路；可以和很多人一起，也可以独自一人攀登。运气好的话，可以遇到作为向导的过来者，很快就能找到正确的路；运气不好的话，便找不准路，发现错误之后再重新摸索前行，结果也许仍然失败。

我在印度拜过两位老师，后来我都离开了他们。他们作为我的向导，曾指引我达到了某种境界。我与老师携手而行去求道，到了一定的时间，我们就分手了。作为学生，总是应该知道何时应当离开老师，独自前行。而我的这两位老师，他们也都不认为学生应该永远和他们生活在一起。能离开的时候就要离开，能留下的时候还须留下。他们从不阻拦他们的学生自行流动。

我的这两位老师都在印度。我和他们一样是走在寻求超脱路上的求道者。虽然我还未达到大乘的水平，无法去援救别人；虽然我已经离开了他们，回归到这充满了妄想和杂念的世界当中，但精神上，我仍在攀登着。

在很短的一段时间里，我也教过别人。我在大学里教授舞蹈，但课时并不多，那时的学生当中并没有出现有才华的舞蹈家。也许是地方大学的缘故，学生们毕业后大多认真地考虑如何组织家庭，或者只是希望自己熟练地掌握一套动作，然后再去教别人。

所以，一开始我便对我的学生们有些失望，然而我还是尽力传达我认为重要的东西。我希望他们即使不能成为真正的舞蹈家，也要让舞蹈成为生活中自然的一部分。现在，我全然不知那些学生的近况，不知他们中间是否有我所希望的那样对待舞蹈的学生。

所以我在舞蹈上并没有什么专门的学生。更多的是我自己去学习苦行与求道。我出版过两本译著，均为佛教的教义。

有一天晚上，从很远的地方，一位教师打来电话：

"我好不容易得到了您的电话号码，能否去拜访您？"

我的回答是完全可以。

他第二天一早便来了，好像是挂断了电话就出发的。他和他的朋友一道来了我这儿，他们对苦行和冥想法提出了许多问题。我一一给予回答。离开的时候，他们戏称我是世界上的女哲学家。

我哈哈大笑，把他们送走了。我对他们又惊异又感激。这样的热忱者还有不少。

喜两岁的时候，我想见见孩子，便回韩国去了。有一天，我背着女儿，穿着拖鞋，在家门口的胡同里走来走去。这时，有两个小伙子很高兴地和我打招呼：

"您就是洪信子吗？听说您刚刚回韩国。"

当时我的穿着就像一个商店的老板娘，他们居然一下子认出了我，我感到很吃惊。他们是我的客人，我把他们请进屋子，知道他们是看了我的译作之后才来找我的。可是他们进屋之后的举动立刻使我非常惶恐。因为他们说：

"我们要向您磕头。"

"什么话！"

受磕头之礼，这不是我的性格，而且我绝不是应受此礼的对象，所以我极力劝阻，但他们执意要拜。现在想来，那场面很戏剧。我的后背还背着孩子，眼前是他们急促恳切的神色，一如当年我寻找老师的样子。我千里迢迢几经徘徊终于找到可以虔诚信奉的目标，即便后来我礼拜的对象是石头。现在看到别人这样对待我，真是很奇特。

两个年轻人都非常真挚，他们都已经参加了大学组织的冥想团体。他们集会的时候，会请我前去介绍冥想法。后来这样的联系我们保持了很多年。

我从不认为自己是能引导别人走向超脱之路的向导，但是面对想要拉住我的手一起登山的人们，我不能不伸出我的手。那些诚恳求道的人不断地找到我，于是至今为止，每年都要开一两回七到十天的冥想会。我一定会到场。虽然未必就能到达至高的境界，可我尽力做我能够做到的事情，让他们抓住我的手，这已是一种责任。

离开尘世，远行于喜马拉雅山的山谷之中，思考如何度过余生，彷徨着，探索着，这似乎只是我几天以前做的事。一个很艰苦的时刻，我苦苦地思索着，如何才能够圣洁、崇高，如何才能够不惧恐怖的死亡……我又回到尘世，在充满各种各样把戏的世界中，奋斗拼搏。一种痛苦消失了，紧接着又一种新的痛苦压来；一个理想破灭了，又产生另外一个新的理想——我日日反省、检察，悔过着生活。然而，我不放弃生活，我热爱每一瞬间的生活。

为了寻找自由，我一再逃离，现在回头看看，几乎又回到了最初的位置。我竟为这样的回归本位耗去了几十年岁月。但此时与彼时已全然不同了，对相同的事情，以前的我和现在的我认知天差地别。现在总结这个感受，就好像村夫一般的父亲日常爱说的一个道理：

"知道越过一座山之后会有什么吗？还是山。你觉得那边的草地更绿，于是就去了那边，其实呢，那边的草地与这边的一样绿。你觉得越过了山才能找到幸福，就去翻越它。其实呢，这边的山和那边的山，同样是在一个世上，只是又一座山而已。"

种种的体验和感受之后，我发现，宗教和老师都留给了我最本质的东西——自然。我明白这世上最终的老师是自然！

看着自然，便会自然地体会到所有的东西——清醒、静虚、率真……总而言之，这一切叫作"自然论"。

在老师面前，我将自己的全部放心地袒露，毫不隐藏。在自然面前，会感到绝对的先知站在面前，它超过人间一切被称为老师的人。自然的面目是完完全全的，毋庸置疑的，你只需全面彻底地接受并委托自己。

自然的内部世界，也是在不断地变化中，既是永远的，也是瞬息的。谁也无从知道瞬间到底如何连接不断。一天中，自然在不断变化，一切生活显得如此迫切。一瞬间，森林里下着雨；忽然间，太阳出来了。坐在屋子里，我不能看到这种奇妙瞬间。但我常常想把握它、发觉它，为它的变化而呼喊。

"只有自然的变化是真实的。"

自然的变化是真实的，而我们的存在是如梦如丝的。

自然是老师，是能够照出真正自己的镜子。再也不需要其他老师了。我只是一个普通的存在，在老师的怀抱中，得以保留。当我不断地凝望天空时，微风摇动着的树和草也能够觉察。我便是如此深入于自然之内的孩子。我可以离开世上所有的老师，而且必须要离开，但是，我不可以离开这绝对的老师——自然。

我即将离开火山口森林去往城市，但去的时间很短，我会很快回来。也许不是回到这个地方，而是回到故乡，但都是回到自然。

如果世上有一种声音

在呼喊我——

那是孩子纯洁的眸子；

是深夜里

使人觉醒的风声；

是敲击了树叶坠落下来的雨滴；

是不知不觉中跳出来的彩虹；

是晚霞照映着的云雾；

是草丛中滚动的朝露；

是无声无息生长的野花；

是挨到了凌晨的清寂；

是水一样流动的黑暗——和光。